上海外国语大学教材基金资助

大学跆拳道

主编　徐林　李凌姝　余雅露

副主编　王露峰　林君薇　钱杰　汪子怡

徐磊　殷鹏　金光辉　李艳　敖景怡

厦门大学出版社
XIAMEN UNIVERSITY PRESS
国家一级出版社
全国百佳图书出版单位

图书在版编目（CIP）数据

大学跆拳道 / 徐林，李凌姝，余雅露主编. -- 厦门：
厦门大学出版社，2022.12
ISBN 978-7-5615-8804-8

Ⅰ．①大… Ⅱ．①徐… ②李… ③余… Ⅲ．①跆拳道
—高等学校—教材 Ⅳ．①G886.9

中国版本图书馆CIP数据核字(2022)第189694号

出 版 人	郑文礼
责任编辑	林　鸣

出版发行　厦门大学出版社

社　　址	厦门市软件园二期望海路 39 号
邮政编码	361008
总　　机	0592-2181111　0592-2181406(传真)
营销中心	0592-2184458　0592-2181365
网　　址	http://www.xmupress.com
邮　　箱	xmup@xmupress.com
印　　刷	广东虎彩云印刷有限公司

开本	720 mm×1 000 mm　1/16
印张	16.375
字数	282 千字
版次	2022 年 12 月第 1 版
印次	2022 年 12 月第 1 次印刷
定价	48.00 元

本书如有印装质量问题请直接寄承印厂调换

厦门大学出版社
微信二维码

厦门大学出版社
微博二维码

随着大学体育课程改革的不断深入，跆拳道项目在高校中迅速发展。1995年，跆拳道课程被引入大学课堂，各高校学生跆拳道社团也纷纷成立。为了更好地发展跆拳道运动，2005 年 5 月 1 日，中国大学生体育协会跆拳道分会也于天津理工大学成立，同时举办了第一届中国大学生跆拳道锦标赛，共有北京大学、上海外国语大学等 30 多所高校的 200 多名大学生运动员参加了男女各个级别的角逐。如今跆拳道运动已经风靡大学校园，深受学生欢迎。

跆拳道具有非常鲜明的特点。第一个特点是以腿法攻击为主、拳法攻击为辅。在跆拳道的比赛中，腿法约占 80%，因为，腿的长度和力量是人体中最突出的，其次才是手。第二个特点是方法简捷、刚直相向。跆拳道在对抗中技术动作十分硬朗简练，直接接触，以刚对刚，用简捷硬朗的方法击打对手，防守也大多以直接的格挡为主。第三个特点是发声展威，强调气势。跆拳道在训练和比赛中都强调呼吸，发声扬威，在气势上给人以威严的感觉，所以练习者常以洪亮并带有威慑力的声音来显示自己的威力，增加气势，给对手增加心理上的压力。第四个特点是以击破为测试功力的手段。分别以拳脚等击碎木板、大理石等物体，以击碎的厚度来判定功力的大小。第五个特点是礼始礼终，内外兼修。在任何场合下，跆拳道练习者始终以礼相待，练习活动以礼开始，以礼结束，以养成谦虚、友好、忍让的作风，在道德修养方面不断地提高自己。这些特点符合青少年的天性，所以吸引了大批青少年学习锻炼。

作为上海市高校体育精品课程"跆拳道"的辅助教材，本教材在编写过程中以《全国普通高等学校体育课程指导纲要》为指导，结合《国家学生体质健康标准》实施办法，融合了编委会教师的多年教学比赛经验，突出了青少年学生的身心特点，对开展校园跆拳道课程的教师和广大学生具有一定的参考价值。

本教材由徐林、李凌姝、余雅露、王露峰、林君薇、钱杰、汪子乂、徐磊、殷鹏、金光辉、李艳共同编撰，动作示范由敖景怡、仇欣悦、马晶庭、余雅露、许燕、严昕勤完成，拍摄工作由韦燕丹完成。主要内容包括对跆拳道历史和发展的介绍、基本动作的要求和规范、跆拳道太极品势的要求和规范、竞技训练方法的介绍、跆拳道简单防身方法及比赛要求和规程。教材的内容较为全面，适合高校跆拳道课程所需的内容及教学要求。我们在内容上力求简单明了，循序渐进，示范准确清晰。

本教材在编写过程中得到了跆拳道同仁殷鹏、徐磊、王露峰的支持，特别是得到了上海外国语大学教务处、体育教学部领导的支持，也得到了上海外国语大学跆拳道队队员汪子怡、马晶庭、敖景怡、仇欣悦、韦燕丹等的全力配合。这里一并致谢！

限于编者水平，本书难免存在疏漏之处，真诚期望读者朋友提出宝贵意见和建议，同时期待专家同行批评指正！

编　者
2021 年 4 月

目 录

第 一 章

跆拳道概述

第一节　跆拳道运动的起源与发展

一、什么是跆拳道

简单地说，跆拳道是身上不带任何武器，赤脚空拳对付敌人的攻击，保护自身的武道。详细一点的表述则是为了正当防卫，通过猛烈的精神及肉体的训练，科学地活用千锤百炼的手脚及身体所有部位的方法和技术。

从字面上解释，跆是指用脚跳跃、踢和踹等各种高效的攻击和防卫的搏击动作。拳是指用手击打或阻击等各种强有力的攻击和防卫的搏击动作。道是指按照头所指的方向行进的路，即人应该走的正确道路。

因此，跆拳是人通过赤脚空拳的防卫和攻击的技术发挥的力量。这种力量是通过充分发挥手脚及全身各部位的潜在能力，对准移动的目标迅速而恰当地运用跳、踢、击打、挡、躲等动作发挥一击必胜的技术。道是自古以来圣贤们铺设的仁义、道德之路。

总而言之，跆拳道是通过修炼跆拳的技术发挥的力量和通过不断的精神修养来提高道德境界的武道。

跆拳的力量需要道的指导，道的施行也需要跆拳的力量来保证。如果跆拳的力量没有道的指导，这种力量就会容易被别人利用，就会走向歧途，就会成为凶器，这是非常危险的；如果跆拳的力量保证道的顺利施行，这种力量就会成为有用的武器，这是非常安全的。而如果道的施行没有跆拳的力量来保证，人们的道德生活就难以进行，即所谓志大力薄，宏志难施。所以，要同时修炼跆拳道的技术和道德境界。

修炼跆拳道的最终目的是树立高尚人格和提升道德境界。通过学习跆拳技术，提高身体素质，达到身心健康和人格完善的目的。身体素质的提高包括规则的锻炼增进身体健康，科学的训练提高跆拳技术，最终拥有自我防卫的能力。高尚人格的完善包括礼貌待人、诚实知耻、忍耐克己、百折不屈的精神，以及积极乐观、尊重他人、顾全大局，具有高度责任感和较强的社会适应能力。因此，跆拳道的修炼可以看作是通过锻炼身心健康来培养高尚人格的修行过程。

炫耀跆拳的力量是不成熟的表现。仅仅学会极其有限的对打技术来显示跆拳的力量，或满足于取得他人的兴趣和人气不是成熟的跆拳道。真正的跆拳道修炼人懂得忍耐，有自制力，懂得谦虚，有礼有节；真正的跆拳道修炼人具有高超的跆拳道技术和崇高的道德境界，自强不息，精益求精。

乱用道是最不道德的事情。一般来说，乱用道的人喜欢对别人讲道或跆拳道的精神。这种人似乎很高尚，常常要求别人按照跆拳道的精神去做，自己却做违背跆拳道精神的事情。事实上，这种人言行不一，做不到言传身教。

二、跆拳道发展简史

原始社会生产力极其低下，远古时代的朝鲜人民为了从自然界获取食物和防止野兽侵袭，必须同野兽搏斗，这就产生了搏斗的各种方法。随着社会的发展，不断变化的生活环境和不同种族之间的战争，要求人们必须拥有强健的体魄，掌握一定的搏斗技能，这样才能保障生活的安定，这就促使了跆拳道雏形的形成。经过漫长的岁月，人们本能的为了强健体魄和自卫而产生的搏击逐渐演化为有意识的技击活动，从而产生了朝鲜民族特有的运动形式——跆拳道。这种形式的产生可以在朝鲜的古代历史中追溯。

大约公元前1世纪，朝鲜最古老的三个国家新罗、高句丽和百济先后兴起，三国之间连年征战不断。三国都把跆拳道作为一项强身健体、保卫国家的搏击武艺来进行严格的训练。从高句丽国都丸都古墓中的舞俑冢和三室冢的玄室壁画上可以看到两人相互角斗的场面，而在三室冢玄室的顶壁上还绘有两名身强体壮的男子用跆拳道技术进行格斗的姿势。类似的壁画还有很多，这都说明跆拳道在当时已经相当盛行。

在百济，由于当时国家兵力较弱，因此全国上下都以强身健体、保卫国家为头等大事，国内广泛推行马术、跆拳道和射箭等武艺。

公元668年，新罗王国统一了朝鲜，经济繁荣，百业兴旺，建立了一种"花郎制度"。到真兴王时，便创立了"花郎道"。花郎道是花郎制度的组织形式，即将年轻人组织到一起进行武艺锻炼，其宗旨是"事君以忠，事亲以孝，事友以信，临阵无退，杀身有择"，以此磨炼人的意志、锻炼人的体魄，培养造就了一批又一批忠君事孝、英勇顽强、无所畏惧的战士。在一本描写新罗风俗习惯的书——《帝王韵纪》中，就记载着跆拳道活动。而据朝鲜史书记载，新罗人习武方式为：两人对面直体站立，互相用脚踢对方的身体。当时分为三个练习阶段，初学者用脚踢对方下段（腿部），技术稍熟练则可用脚去踢对方中段（胸部），技术高超者可用脚踢对方上段（头部）。后来新罗在我国唐朝统治者的协助下统一了朝鲜，在公元918年建立了高丽国。士兵们的战斗力来自平日的训练，他们平时常常用拳掌击打墙壁或木块，以磨炼手部的攻击能力。十分喜爱徒手搏斗的忠惠王曾专门邀请臂力过人、武功超众的士兵

金振都（亦有称金扼郁）到宫廷表演手搏技艺，使跆拳道声望大震，并日渐被广大民众所接受。

1392 年，高丽王朝被李朝取代，武功及跆拳道没有得到足够的重视，但在民间，这一活动却始终没有停止。1790 年汇编成书的《武艺图谱通志》中收录了"手搏""跆跟"等武艺的技术与方法以及动作图解和一些器械的使用方法，并将很多技击性很强的武术技艺融会到跆拳道的技法之中。跆拳道这一武艺被很好地保留与发展下来。

1910 年日本侵占朝鲜后，建立起殖民政府，一度下令禁止所有的文化活动，跆拳道自然在劫难逃，在朝鲜境内销声匿迹。一些不甘寂寞或被生活逼迫的人远离国土，到中国或日本谋生，同时把跆拳道延续下来，更为重要的是将其与中国武术和日本武道交融与结合，孕育了新的技术体系。第二次世界大战后，自卫术再度兴起，从异国他乡回归故土的朝鲜人也将各国的武道技艺带回本国，逐渐与跆拳道融为一体，形成了现在的跆拳道体系。

1955 年，韩国正式称朝鲜的自卫术为"跆拳道"。

1961 年 9 月，韩国成立了唐手道协会，后更名为跆拳道协会，跆拳道成为全国运动会正式竞赛项目。

1966 年，第一个跆拳道国际组织——国际跆拳道联盟成立。

1973 年 5 月，世界跆拳道联盟（简称世界跆联，英文简称 WTF）在汉城（首尔）成立。

1975 年，世界跆联被国际体育联合会接纳为正式会员。

1980 年，国际奥委会正式承认世界跆拳道联盟。迄今为止，世界跆联已有 144 个会员国，6500 多万爱好者参加跆拳道训练。

1986 年，跆拳道创始人崔泓熙先生率领的韩国跆拳道代表团来我国作访问表演，这项运动于当年被列为第 10 届亚运会的比赛项目。

1987 年，跆拳道被列入泛美运动会、全非运动会及东亚运动会的正式比赛项目。

1988 年，第 24 届奥运会在韩国汉城（首尔）拉开帷幕。经主办国的不懈努力，跆拳道被列为第 24～26 届奥运会的表演项目，为跆拳道的迅速发展提供了最大的机会与动力。

1994 年，在法国巴黎召开的国际奥委会第 103 届会议决议，跆拳道项目列入 2000 年奥运会正式比赛项目。同样，跆拳道也是世界大学生运动会、友好运动会、东南亚运动会、南美运动会、南太平洋运动会、世界军人运动会等一系列国际体育赛会的正式比赛项目。为了适应国际重大比赛，跆拳道的技术在不断地变革和发展。世界跆拳道联盟的总部有一个特别技术委员会，其主要任务就是改进现今的跆拳道技术。当然，今日的跆拳道动作似乎不像以前那样圆滑流畅，也不似以前那样重视运动中身体的平衡。然而，对当今跆拳道技术的检验并不在于它的外观，而是在于实战之中。具体地说，就是在实战对抗中或在大街上遭受袭击被迫自卫的情形下，新的跆拳道技术无疑要比拘于形式的老技术更胜一筹。

时代是不断变化的，跆拳道也将不断地发展变化。

三、我国跆拳道运动的发展

1992 年 10 月，中国跆拳道协会筹备小组成立，这标志着我国跆拳道运动的正式开始。1994 年 5 月，在河北保定举行了首届全国跆拳道教练员和裁判员学习班。

1994 年 9 月，在云南昆明举行了第一届全国跆拳道比赛，当时共有 15 个单位的 150 多名运动员参加。

1995 年 5 月，共有 22 个单位的 250 多名运动员参加了在北京体育大学举行的第一届全国跆拳道锦标赛，从此跆拳道运动在中国迅速发展起来。

1995 年 8 月，中国跆拳道协会正式成立，魏纪中当选为第一任主席。同年 11 月，中国跆拳道协会被世界跆拳道联盟接纳为正式会员。

1999 年 6 月 7 日，在加拿大埃特蒙多举行的世界跆拳道锦标赛上，我国女运动员王朔战胜多名世界强手，获得女子 55 公斤级冠军。这是我国运动员获得的第一个跆拳道世界冠军。

四、我国参加的跆拳道各类比赛及代表人物

（一）奥运会及代表人物

奥林匹克运动会是国际奥林匹克委员会主办的世界上规模最大的综合性运动会，每四年一届，会期不超过 16 日，是世界上影响力最大的体育盛会。

跆拳道在 1988 年汉城、1992 年巴塞罗那、1996 年亚特兰大三届奥运会作为表演项目后，在 2000 年悉尼奥运会成为正式比赛项目，设男女各 4 枚金牌。我国跆拳道历届奥运会冠军包括：

陈中：中国第一位奥运会跆拳道冠军。陈中 1997 年 1 月入选国家集训队。2000 年参加亚锦赛夺得女子 72 公斤以上级冠军；同年 9 月 30 日，在第 27 届悉尼奥运会跆拳道女子 67 公斤以上级比赛中获得金牌；2004 年，在雅典奥运

会女子 72 公斤以上级决赛中对阵巴维雷尔，最终以 12∶5 的成绩成功卫冕该项目金牌。

罗微：1999 年进入北京队，2002 年进入国家队。2003 年，在世界跆拳道锦标赛上获得了金牌，夺取了 72 公斤级世界冠军；2004 年 8 月，获得雅典奥运会跆拳道 67 公斤级金牌；2010 年，复出参加广州亚运会，击败来自哈萨克斯坦选手叶尔格绍娃夺得跆拳道女子 72 公斤以下级冠军。

吴静钰：2006 年，吴静钰夺得了中国亚运会历史上第一块跆拳道金牌；2007 年夺得北京世界锦标赛 47 公斤级冠军；2008 年，在北京奥运会 47 公斤级项目上获得金牌；2009 年获得第 11 届全国运动会 49 公斤级冠军；2010 年，在哈萨克斯坦亚锦赛获得 49 公斤级冠军；2011 年 5 月，吴静钰在世锦赛 49 公斤级中第二次夺得世锦赛冠军；2012 年，伦敦奥运会跆拳道女子 49 公斤级卫冕成功；2014 年 7 月夺得世界跆拳道大奖赛 49 公斤级金牌；2015 年 12 月 6 日，夺得世界跆拳道大奖赛 49 公斤级冠军。2017 年 9 月，吴静钰荣获"最多跆拳道女子金牌（轻量级选手）"吉尼斯世界纪录称号。

赵帅：中国第一位男子奥运会跆拳道冠军。2004 年，赵帅开始接触跆拳道；2010、2011 年两获全国跆拳道冠军赛男子 54 公斤级冠军；2013 年获得第六届东亚运动会跆拳道男子 54～58 公斤级金牌；2015 年获得跆拳道世锦赛男子 58 公斤级比赛第三名；2016 年获得巴西里约热内卢奥运会跆拳道男子 58 公斤级冠军，实现中国男子跆拳道奥运会金牌零的突破；2017 年 6 月，赵帅夺得 2017 年世界跆拳道锦标赛男子 63 公斤级冠军，这是他首次获得世锦赛冠军，也是中国男子跆拳道首枚世锦赛金牌；2017 年 9 月，获得第 13 届全运会跆拳道男子 68 公斤级冠军。2018 年 8 月，赵帅担任雅加达亚运会中国旗手。

郑姝音：2009 年，郑姝音进入跆拳道国家队。2010 年，获得跆拳道世青赛女子 68 公斤级冠军、青奥会女子 63 公斤级冠军；2011 年，在全国跆拳道锦标赛女子 73 公斤级中折桂；2013 年，获得第 12 届全运会跆拳道女子 67 公斤以上级冠军，成为辽宁跆拳道项目的首个全运会冠军；2016 年，在巴西里约热内卢奥运会跆拳道女子 67 公斤以上级决赛中问鼎成功，赢得个人首枚奥运金牌。

（二）世界跆拳道锦标赛及代表人物

世界跆拳道锦标赛始于 1973 年，首届赛事在韩国首尔举行，最初只有男子比赛，分轻量级和重量级两个级别。1987 年起在西班牙举行的世界锦标赛增设女子比赛，设男女各 4 枚金牌。1993 年在美国举行的世界锦标赛将级别调整为男女各 8 个，并一直沿用至今。世界跆拳道锦标赛是历史最悠久的国际跆拳道大赛，每两年举行一届。

除之前介绍过的陈中、吴静钰、赵帅，截至 2019 年，在世锦赛拿过冠军的中国运动员包括：

贺璐敏：2000 年 4 月在法国里昂举行的第二届世界跆拳道锦标赛上获女子 67 公斤级比赛冠军。

张梦宇：2019 年世界跆拳道锦标赛女子 67 公斤级冠军。

侯玉琢：2009 年世界跆拳道锦标赛夺女子 57 公斤级冠军，2011 年世界跆拳道锦标赛女子 57 公斤级冠军，成为中国队蝉联世锦赛冠军的第一人。

王朔：我国第一个跆拳道世界冠军。1999 年 6 月 7 日，在加拿大埃特蒙多举行的世界跆拳道锦标赛上，王朔战胜多名世界强手，获得女子 55 公斤级冠军。

（三）世界大学生跆拳道锦标赛及代表人物

世界大学生跆拳道锦标赛是由国际大学生体育联合会主办，各参赛国大学生体育联合会协助地方省市体育或教育部门申请承办，也是一项世界大学生跆拳道最高规格的体育锦标赛。该项赛事每两年举行一次，从 1990 年该项赛事创办至 2014 年已连续举办了 13 届。比赛项目设竞技和品势两个大项，下设若干小项。中国曾经组队参加了第十届、第十一届、第十二届、第十三届世界大学生跆拳道锦标赛。

2018 年世界大学生跆拳道锦标赛中，中国队（西南大学代表队）取得了 6 金 2 银 1 铜的优异成绩。施婷婷、陈雪莲、朱彤等获得冠军。

第二节　跆拳道的作用与特点

一、跆拳道的作用

跆拳道具有防身、健身、修身养性、娱乐观赏等多方面的作用，是人们增强体质、培养意志品质的一种较好的运动形式。

（一）改善和增强体质

跆拳道的技术动作由全身协调配合，主要通过各种各样的腿法来表现。它能很好地促进人体的力量、速度、耐力、灵敏度、协调性等身体素质的全面发展，具有强身健体的作用。由于练习者在平时训练和比赛中要经常临场应变战术，或是快速进攻，或是主动后撤再反击，或是腾空劈腿，或是后踢

接后旋踢，这对提高神经中枢的灵活性和支配各器官的能力起着良好的作用。

在发力时，大声喊"A—CEI！"不仅是为了压倒对方气势，而且也使下腹的肌肉收缩，对预想不到的反击能够产生自然防御；如举重选手或自由式摔跤手在激烈的运动中以故意呼气或大声喊叫的方法平均分配胸内血压，使身体的重要器官不受伤害，练跆拳道时大声喊叫也是同一道理。另外，发声时能尽可能多地排出肺内的残余气体，从而增大肺活量，增强肺部功能。

（二）提高防身和自卫的能力

跆拳道是一个武道项目。通过跆拳道练习，不仅可以掌握各种踢法和拳法，提高身体的灵活性和反应能力，还可以在经过长时间训练后形成一定技能，具备防身和自卫的能力。

（三）磨炼意志，培养高品格的修养

跆拳道推崇"以礼始，以礼终"的尚武精神，其宗旨是"礼义廉耻，忍耐克己，百折不屈"。跆拳道训练可以培养练习者坚韧不拔、勇敢无畏、顽强坚毅的意志品质，尤其讲究"未曾学艺先学礼，未曾习武先习德"，使练习者从开始就养成谦虚、宽容、礼让的高尚品德和尊师重道、讲礼守信、见义勇为的情操并影响社会。

（四）娱乐观赏

跆拳道是一项具有观赏性的运动项目。在功力测验中，练习者轻松击破木板、砖瓦，令人为之惊叹。而竞技跆拳道则是两人激烈的对抗，双方选手斗智斗勇，比赛中常有凌空飞腿和组合腿法，令人眼花缭乱，具有极高的观赏价值。

（五）满足学习古代武术的心理

学习跆拳道除了上述作用外，还可以满足人们对古代武术的向往与追求，实现青少年拥有高超武艺的梦想。

当然，跆拳道的作用还有很多，只有亲身体验才能品味出其中的无穷乐趣，获得无限的收获，而这个收获将让练习者受益终身！

二、跆拳道特点

（一）以腿为主，手足并用

跆拳道技术方法中占主导地位的是腿法，腿法技术在整体运用中约占3/4，因为腿的长度和力量是人体中最长最大的，其次才是手。腿的技法有很多种形式，可高可低，可近可远，可左可右，右直右屈，可转可旋，威胁力极大，是比赛时得分和制敌的有效方法。其次是手法。手臂的灵活性很好，可以自如地控制完成防守和进攻动作，同时也可以变化为拳、掌、封、肩的多种用法，进行实战。在竞赛规则以外的跆拳道实战中，人体的一些主要关节部位亦可以用作进攻的武器，或防守的盾牌，这是跆拳道技术的本质，如人体的手、肘、膝、脚等关节部位，是跆拳道实战中最常用、最有效的击打武器。

（二）方法简练，刚直硬打

不论是在比赛时还是在实战中，跆拳道的进攻方法都是十分简捷而富有实效的。对抗时双方都是直接接触，以刚制刚，用简练硬朗的方法直接击打对方，或拳或腿，速度快、变化多。防守的动作也是以直接的格挡为主，随即是连续的反击动作。防守时很少使用躲闪防守法，追求刚来刚往，硬拼硬打，尽可能保持或缩短双方间的距离，以增加击打的有效性，在近距离拼斗中争取比赛或实战的胜利。

（三）内外兼修，功法独特

跆拳道理论认为，经过专门训练，人的关节部位能产生不可思议的威力，特别是拳、肘、膝和脚四个部位。长期专门练习跆拳道，可以使人达到内外合一的状态，即内功和外力达到统一的巅峰。由于无法确定人体关节部位武器化的威力和潜力到底有多大，只能通过对木板、砖瓦等物体的击打来测量验定练习者的功力水平。功力测验是跆拳道训练、晋级考试、表演和比赛的一个重要内容，这显示出了跆拳道独特的功法和特点。跆拳道在向外推广时，大多是以击破的方式向人们展示其威猛无比的功夫，即用拳、掌或脚分别击碎木板、砖瓦以检验和测试练习者的功力程度。这种独特的方法现已成为跆拳道训练、晋级升级、表演比赛的一个主要内容。

（四）强调气势，发声扬威

无论品势还是竞技跆拳道，都要求在气势上给人以威严，多以发出洪亮并带有威慑力的声音来显示自己的能力。尤其是在竞技跆拳道比赛中，双方练习者都会以规则允许的发声来提高自己的斗志，借以在气势上压倒对手，甚至在出击时配合击打效果使裁判认可，争取在心理上战胜对手。所以，跆拳道练习者都要进行专门的发声练习。

（五）礼始礼终，培养良好道德品质

跆拳道给人们留下的较深印象是，跆拳道练习者在不同的场合始终行礼鞠躬。这是因为跆拳道练习者始终把"礼"作为训练内容，强调"礼始礼终"，

即练习活动都要从礼开始，以礼结束，并突出爱国主义。跆拳道要求练习者在练习技术的同时，在道德修养方面也要不断提高自己。通过行礼的方式向长辈、教练、老师、队友鞠躬施礼，跆拳道练习者将养成发自内心的行礼习惯，养成恭敬谦虚、友好忍让的态度和互相学习的作风，并培养坚韧不拔的意志品质。

第三节　跆拳道的礼仪礼节及段位

一、跆拳道的礼仪礼节

跆拳道礼仪与我国传统武术道德相似，练习者可以不断从中吸取营养和智慧，形成一种道德思想观念。跆拳道礼仪不但具有广泛的适应性，还具备了内外兼修的作用。将跆拳道运动的礼仪教育与我国的传统道德思想联系在一起，对提高全民族的思想素质和文化素质有着十分积极的促进作用。

（一）跆拳道的礼仪

跆拳道的礼仪是指练习者从内心深处溢出的自然地表现在人的行为上的、高尚的、有价值的举动。谦虚和正确的言语、忍让和友好的态度、虚心和好学的作风，是跆拳道练习者应当遵循的重要礼仪。跆拳道礼仪的学习对于一个跆拳道练习者非常重要：跆拳道练习者在学习技术之前，首先要学习的是跆拳道的礼仪知识。只有懂得了跆拳道的礼仪知识，才可以练好跆拳道，从而达到最高境界。

跆拳道推崇"以礼始，以礼终"的尚武精神，它贯穿了"礼仪、廉耻、忍耐、克己、百折不屈"的根本宗旨。跆拳道运动的礼仪是以敬礼的形式体现出来的。敬礼要求是身体面向对方，并步直立，两臂自然置于身体两侧，上体前倾15°，头部前倾45°，目视地面稍停后，还原成直立姿势，行礼完毕（如图1-1）。跆拳道握手礼为面向对方，直体站立，两脚并拢，右手掌伸直伸出，左手掌心向下放于右手肘尖，同时敬跆拳道鞠躬礼（图1-2）。向国旗敬礼时身体成立正姿势，右手成掌形置于左胸前，目视国旗约3秒钟，神态恭敬（图1-3）。

图 1-1

图 1-2

图 1-3

（二）礼仪的具体表现

跆拳道练习者在进入训练馆之前都必须身穿白色的、整洁的跆拳道道服，按照要求系好道带，光脚或穿着道鞋后进入训练场地。"以礼始，以礼终"是跆拳道练习者精神的中心思想。进入道场时，首先要向国旗和教练行跆拳道鞠躬礼，以此来表示对祖国的热爱、对国旗的尊重和对教练的尊敬；见到队友时也要行礼问好，以表示友好。训练课中应时刻保持道服的干净与整洁，每次需要整理服装时要先向教练行鞠躬礼，然后背对国旗、教练及队友整理服装，整理完毕时转身面向教练行鞠躬礼，以表示抱歉，其目的是养成干净整洁的习惯。训练中如果出现气势不够、注意力不集中、动作不到位等没有全力以赴的情况，在教练示意后应立即行礼以表示抱歉，为的是让练习者在

训练过程中集中注意力，刻苦训练，减少不必要的伤害。队友之间应相互帮助，在脚靶训练和模拟实战等需要两个人配合的训练中，两个人应以相互敬礼为开始、相互敬礼为结束，必须认真负责地帮助队友做好每一个动作并及时纠正错误；两个人在交换脚靶或其他训练用品时都需用双手接送，同时行鞠躬礼，这样可以培养队间的团队精神和相互尊重的良好情感。训练过程中，练习者应该严格按照教练的要求进行练习，教练讲话时练习者需跨立站好或端正坐好，目视教练认真听讲，不得随意打断教练讲话，如要提问需行礼鞠躬，得到许可后才可以提出问题，得到解答后行礼鞠躬并说声"谢谢"。在比赛开始前，首先要向教练敬礼，然后向裁判敬礼，在每局比赛的开始还要向对方敬礼，以表示尊重；在比赛中，如果红方使用了犯规行为攻击青方，当裁判员对红方作出判决时，红方必须服从接受并向裁判员行礼以表示歉意；在比赛结束时，应再次向对方行礼，并向对方的教练敬礼、握手以表示感谢。在比赛过程中，即使出现了误判，也要等比赛结束后有礼貌地向裁判员提出问题并要求改正。

二、跆拳道的级位段位

跆拳道的级位段位是体现跆拳道爱好者或专业人员从事跆拳道运动的时间长短和水平高低的重要标志，也是参加各类比赛的重要条件之一。2019 年在上海等一些省市的大中学生比赛中规定，参加品势某些组别比赛必须具有中国跆拳道协会颁发的相应的有效级位证书或中国跆拳道协会及韩国国技院颁发的段位证书。世界性比赛运动员必须持有世界跆拳道联盟（韩国国技院）颁发的段位证书。

（一）级位

色带代表的是跆拳道修炼者的技术水平和学习时间。其标准等级如表1-1，数值越低，级数越高。完成色带阶段者可考核黑带。

表 1-1　色带的标准等级

级数	色带名称	表示意义
10	白　带	有纯洁之意，表示空白，尚未具有跆拳道知识，意味着入门阶段，穿戴者对跆拳道的技术和知识一窍不通，尚待磨炼。
9	白黄带	白带与黄带之交界，一半白色一半黄色，这就代表着练习者已经开始接触跆拳道并学习了一些初级内容，两只脚已经踏上了跆拳道这块大地。

续表

级数	色带名称	表示意义
8	黄 带	表示大地中的植物正在生根发芽，意味着学习基础阶段，此级别的运动员正打好技术根基。
7	黄绿带	黄带与绿带间的交界，这就代表着练习者相对于上一个带位而言已经有了一定的进步，在原来的基础上又学习了新的内容，向更高的层次又迈进了一步。进入此阶段后会开始训练搏击技巧，以供绿带后使用。
6	绿 带	表示成长中的绿色草木，意味着技术的进步阶段。其训练者的跆拳道技术开始"枝繁叶茂"，并且不断地完善。意味着练习者不再是只会练习初级内容的初学者了，而已经可以尝试着学习中级内容了。在这个时候会开始练习一些较高难度的脚法（例如后踢），并且进行搏击。
5	绿蓝带	绿带与蓝带间的交界。意味着草木又长高了，又向上面的蓝色接近了，可以理解为练习者的水平又有了提高。
4	蓝 带	蓝色是天空的颜色，意味着练习者的技术像大树般一直向着天空生长并渐趋成熟，练习者已完全掌握基本技术。那么，这个时候练习者的水平已经到了比较高的境界，已经具备参加实战的条件。
3	蓝红带	蓝带与红带间的交界。比蓝带更强、更具备实战条件。在某些道馆中开始准许在搏击训练中踢击头部。
2	红 带	红色意味着该运动员有一定的危险程度，属于警戒程度。即运动员已经有相当的实力，但是修养和控制能力仍然有提升的空间。其早前的颜色是咖啡色，并有蓝红带作为过渡。
1	红黑带	红带与黑带间的交界，通常也是佩上最久的一条色带，因为对于黑带的训练至少要一年。有人也把这个带叫作"半段"，因为下一个带就不是级别了，而是段位，代表着练习者如果能刻苦练习的话，有可能成为黑带练习者，从而进入全新的练习阶段。
无	黑 带	黑色代表着宇宙，宇宙是无边无际的（最起码以目前的科学水平来说是无边无际的），这代表着练习者以后的练习也是无止境的，因为这不仅仅是对于身体的锻炼，还是对于道德和思想的磨炼。同时，黑色代表着黑暗与邪恶，这就时时刻刻提醒练习者不要惧怕黑暗势力，要勇于和一切不正当的行为和人作斗争，并成为一个正直、正派的人。

（二）段（品）位

黑带：表示白色的对立，相对白色来说技术已经熟练，意味着黑暗中也能发挥自身能力。黑带代表练习者经过长期艰苦的磨炼，其技术动作与思想修为均已相当成熟，也象征跆拳道黑带不受黑暗与恐惧的影响。

黑带以上修炼的品势和年龄要求如下：

黑带 1 段 / 1 品必修：高丽；升级年资：1 年；年龄：15 岁或以上，以下者为 1 品。

黑带 2 段 / 2 品必修：金刚；升级年资：1 年；年龄：16 岁或以上，以下者为 2 品。

黑带 3 段 / 3 品必修：太白；升级年资：2 年；年龄：18 岁或以上，以下者为 3 品。

黑带 4 段必修：平原；升级年资：3 年；年龄：25 岁或以上，以下但年满20 岁者为 4 品。

黑带 5 段必修：地跆；升级年资：4 年；年龄：30 岁或以上。

黑带 6 段必修：天拳；升级年资：5 年；年龄：36 岁或以上。

黑带 7 段必修：汉水；升级年资：6 年；年龄：43 岁或以上。

黑带 8 段必修：一如；升级年资：8 年；年龄：51 岁或以上。

黑带 9 段由特别组织评核，为在跆拳道有重大贡献者。升级年资：9 年；年龄：60 周岁或以上。如韩国黑带 9 段李奎珩大师。

在全国性比赛之中，有 1 段以上的段位方可参加；国际赛事如奥林匹克运动会等则只限 2 段以上方可参加。取得黑带更可以担任教练，培育新一代。

假如运动员已经考获 4 段以上，便会被称作师范，而且具有申请成为国际教练及国际裁判的资格，也可以担任道馆馆长或总教练；而 5 段以上都会被尊称为大师。

本章思考题

什么是跆拳道？跆拳道的主要特点是什么？

第二章

跆拳道基本动作

第一节　步型

一、并排步

两脚左右开立，两脚间距为一脚间隔。两脚尖正向前方，脚内侧平行。身体重心置于两腿之间，保持平衡，两腿膝关节伸直（如图2-1）。

易犯错误：（1）脚尖向内或向外；（2）身体重心不稳固，臀部向前或向后探出。

二、并步

两腿并齐直立，两脚跟并拢。两脚内侧贴紧相靠（如图2-2）。

易犯错误：（1）双脚尖没有并拢；（2）臀部向后探出，重心未均匀分列于两脚。

图2-1

图2-2

三、前行步

呈自然走步的状态站立。前脚正向身体前方，后脚向前脚方向斜30°，两脚间距为一脚间隔。双腿直立，重心均匀分列在两脚之上，保持均衡（如图2-3）。

易犯错误：（1）两脚间距过宽或过窄；（2）身体重心向前或向后倾斜；（3）身体方向未正面向前行方向。

图 2-3

四、马步

两脚平行向前，两脚间距为两脚间隔。挺直胸背，两腿屈膝半蹲，身体重心置于两腿之间。膝盖微弯曲，两膝关节微微内扣（如图 2-4）。

易犯错误：（1）两膝弯曲幅度超过脚尖平面，两膝关节向外张开或向内夹紧；（2）两脚尖内扣或外张；（3）上半身前倾。

图 2-4

五、弓步

前脚迈向正前方，后脚向前脚方向斜 30°，两脚间距为三个脚到三个半脚间隔。前腿弓，后腿绷，前腿屈膝半蹲，大腿接近水平于地面且小腿垂直于地面，后腿蹬地绷直。重心落于前脚上，上半身正直，挺胸塌腰（如图 2-5）。

易犯错误：（1）两脚间距过小，半蹲幅度过小；（2）后脚脚跟抬起或后脚膝

关节弯曲；（3）重心过于向前或向后倾斜，腰部、胯部不协调，身体失去平衡。

图 2-5

六、三七步/后弓步

两脚前后开立，两脚距离为两脚间隔，两脚脚尖方向呈 90°。双膝弯曲半蹲，重心降低，身体重心三分在前脚，七分在后脚。两腿膝关节朝向夹角为 90°，分别与其脚尖同向，不可内收（如图 2-6）。

易犯错误：（1）上半身倾斜，重心分布比例失调；（2）前脚脚后跟抬起，臀部向后探出似虎步；（3）膝关节内扣或外张，未与脚尖方向一致。

图 2-6

七、丁字步

在并排步基础上，后脚不变，前脚外转 90°。上半身直立，视线向前行方向（如图2-7）。

易犯错误：（1）前脚旋转角度过小；（2）上半身旋转角度过大或过小。

八、虎步

前脚朝向正前方，脚后跟跷起，后脚向前脚方向斜30°，两脚间距为一脚间隔。两脚膝盖微弯曲，身体重心置于后脚。前脚脚腕伸直，脚前掌点地，膝关节稍稍内扣（如图2-8）。

易犯错误：（1）步幅过大或过小（前后脚的距离为，当前脚放下时前脚跟刚好能碰到后脚尖）；（2）膝关节外张；（3）重心后仰或前倾。

图2-7   图2-8

九、鹤立步

支撑腿下蹲至马步高度。辅助脚从地面提起，脚刀内侧直接贴靠在支撑腿膝关节内侧（如图2-9）。

易犯错误：（1）支撑腿膝关节伸直；（2）辅助脚没有紧靠支撑腿膝关节；（3）重心不稳固，摇摇晃晃。

十、交叉步

一脚向另一脚的前侧（前交叉步）或后侧（后交叉步）落步，脚尖着地，两脚间距为一拳间隔。两腿屈膝交叉，重心落在支撑脚，另一只脚脚尖点地（如图2-10）。

易犯错误：（1）腰背未挺直，身体前倾或后仰；（2）双腿未弯曲。

图 2-9

图 2-10

第二节　格挡

一、上格挡

　　格挡拳置于对侧胯关节处，拳眼向自己，辅助手贴在格挡拳的肩上，拳心向自己，拳与手臂贴靠在身体（如图 2-11）。辅助手收回腰间，格挡拳经对侧肩膀向上格挡至额头正上方。格挡手腕位置与身体中心线保持一致，手腕与额头间距为一个立拳（如图 2-12）。

　　易犯错误：（1）格挡手臂偏离中心线；（2）格挡手腕弯曲或外转。

图 2-11

图 2-12

二、中格挡

格挡手肘关节下垂，拉至同侧耳后，拳心向外，辅助手向身体正前方自然伸直（如图 2-13）。格挡手臂外腕由外向内旋转，格挡至面前，格挡手腕位置与身体中心线保持一致，拳心面向身体方向，手臂夹角为 90°～120°，同时辅助手收回腰间，拳心向上。手肘下垂，动作终点发力（如图 2-14）。

易犯错误：（1）两侧肘关节远离身体，导致力量分散；（2）手腕先于手臂旋转，冲击力无法传达至目标；（3）格挡拳没有与肩同高，手臂夹角过大或过小；（4）格挡手未达到身体中心线位置即定位。

图 2-13

图 2-14

三、下格挡

格挡拳上移至对侧肩膀处，拳心向自己的侧脸，肘尖下沉，辅助手拳心向下，向前放松（如图 2-15）。格挡拳沿着辅助手路线向下格挡，格挡发力由内向外，该过程格挡手腕旋转至拳背向上，同时辅助手快速回拉收回腰间。格挡手臂与大腿间距为两个立拳，辅助手拳心向上收在髋关节上方（如图 2-16）。

易犯错误：（1）辅助手向腰间回拉之前已经弯曲；（2）格挡手臂夹角过大或过小；（3）格挡手腕弯曲内扣；（4）格挡手臂超过或未达到身体侧线。

图 2-15

图 2-16

四、中外格挡

　　格挡拳拉至身体对侧向下角度，拳心向自己，辅助手略高于格挡手于格挡手同侧向上角度，肘关节下垂（如图2-17）。格挡拳经对侧肩膀由内向外格挡于格挡手同侧，到达格挡处手腕外转发力，同时辅助手贴近身体快速回拉至腰间。格挡手与肩同高，拳心向外，格挡手臂夹角为90°～120°，肘关节始终向下（如图2-18）。

　　易犯错误：（1）肘关节没有沿着力的方向运行；（2）肘关节抬起导致肩膀上提僵硬；（3）格挡手臂夹角过大或过小；（4）力的方向过于向前，忽略了防御由内向外的正确方向。

图 2-17

图 2-18

五、中上格挡

格挡拳拉至身体对侧向下角度，拳心向自己，辅助手略高于格挡手于格挡手同侧向上角度，肘关节下垂（如图2-19）。格挡拳经对侧肩膀、面前由内向外格挡于格挡手同侧，到达格挡处手腕外转发力，同时辅助手贴近身体快速回拉至腰间。格挡手于人中高度，拳心向外，格挡手臂夹角为90°～120°，肘关节始终向下（如图2-20）。

易犯错误：（1）肘关节没有沿着力的方向运行；（2）肘关节抬起导致肩膀上提僵硬；（3）格挡手臂夹角过大或过小；（4）力的方向过于向前，忽略了防御由内向外的正确方向。

图 2-19

图 2-20

第三节　拳法

一、下冲拳

冲拳手拉至同侧腰间，辅助手自然向前伸直。冲拳向前下方冲出，冲拳手腕旋转至拳背向上，辅助手快速回拉至同侧腰间，拳心向上（如图2-21）。

易犯错误：（1）拳未握紧，发力不到位；（2）肩膀向前送或上半身晃动较大，重心不稳定；（3）发力仅局限于手臂，未带动腰部力量。

二、正冲拳

冲拳手拉至同侧腰间，辅助手自然向前伸直；冲拳向前下方冲出，冲拳手腕旋转至拳背向上，辅助手快速回拉至同侧腰间，拳心向上。冲拳手最终高度为对手心窝高度（如图2-22）。

易犯错误：（1）拳未握紧，发力不到位；（2）肩膀向前送或上半身晃动较大，重心不稳定；（3）发力仅局限于手臂，未带动腰部力量；（4）冲拳位置未与身体中心线一致，向内或向外倾斜。

图 2-21　　　　　　　　　　　　　图 2-22

三、上冲拳

冲拳手拉至同侧腰间，辅助手自然向前伸直；冲拳向前下方冲出，冲拳手腕旋转至拳背向上，辅助手快速回拉至同侧腰间，拳心向上。冲拳手最终高度为对手人中高度，与身体中心线一致（如图2-23）。

易犯错误：（1）拳未握紧，发力不到位；（2）肩膀向前送或上半身晃动较大，重心不稳定；（3）发力仅局限于手臂，未带动腰部力量；（4）冲拳高度过高或过低。

四、侧冲拳

冲拳手向身体侧向冲拳，最终高度为对手心窝高度，通常配合马步使用，视线与侧冲拳方向一致。辅助手向击拳方向平伸，回拉的同时正拳侧向击出（如图2-24）。

易犯错误：（1）拳未握紧，发力不到位；（2）肩膀向前送或上半身晃动较大，重心不稳定；（3）发力仅局限于手臂，未带动腰部力量；（4）冲拳高度过高或过低。

图 2-23

图 2-24

五、背拳

进攻手放在对侧腋下，拳背向上，辅助手臂位于进攻手臂外侧，拳背向上。向正前方用拳背击打，拳心向自己，高度为人中高度，与身体中心线一致，同时辅助手收回腰间（如图 2-25）。

易犯错误：（1）拳未握紧，发力不到位；（2）肩膀向前送或上半身晃动较大，重心不稳定；（3）发力仅局限于手臂，未带动腰部力量；（4）冲拳高度过高或过低。

图 2-25

第四节　腿法

一、前踢

品势中前踢攻击部位为脚前掌，脚趾要向上勾起，支撑腿伸直，高度为头部，不可低于肩膀（如图 2-26）。

易犯错误：（1）直腿踢、直腿落，大小腿没有折叠；（2）没送髋，击打距离过短；（3）提膝没有贴近左大腿内侧，向外绕弧线。

图 2-26

二、横踢

保持基本姿势，右脚蹬地，大小腿折叠向上，向前提膝，以左脚掌为轴拧转 180°，右膝关节向前抬至水平状态，小腿快速向前踢出，收回，恢复成实战姿势。踢击部位为脚前掌或者脚背，高度为头部，不可低于肩部（图 2-27）。

易犯错误：（1）大小腿折叠不充分，膝关节没有夹紧；（2）没有正上提膝，走斜线，弧度过大；（3）支撑脚转动不足，踢出后直腿下落。

图 2-27

三、侧踢

踢击腿与上体保持适当角度，重心稳定，高度为头部，不可低于肩膀。以右脚作为踢击腿为例，右脚蹬地起腿，屈膝上提；左脚以脚掌为轴，外旋180°，脚跟正对前方，右腿快速向右前方直线踢出，着力点在脚跟；然后收腿、放松，重心向前落下，恢复成实战姿势（如图 2-28）。

易犯错误：（1）上体后仰过大，失去平衡；（2）向前蹬击时没有送髋。

图 2-28

第五节　掌法

一、单手刀（行进步、三七步、马步）

两腿弯曲蹲低，左手手刀手尖与肩同高，右手握拳在腰；与中格挡类似，拳变为掌，手掌外侧发力，主要用于防守（如图2-29）。

易犯错误：（1）手刀过高过低；（2）肘关节翘起。

图2-29

二、双手刀（中段双手刀、下段双手刀）

以一侧为例，右手手刀举于右肩上方耳后左右的位置，左手手刀置于右肩前左右的位置，作为准备动作（如图2-30）。

发出动作时，脚从上一个动作迈成相应步法（一般为三七步），将右手手刀从准备动作移到胸前，手心向上，左手手刀从准备动作移到身体前方，手刀上沿约与左肩齐平（中段双手刀）或掌心面向大腿，左手手刀平行大腿方向向下（下段双手刀）（如图2-31）。

手肘下垂，两边的手刀到位后都要用力制动。

易犯错误：（1）辅助手没有做到与胸口同高；（2）格挡手刀的手尖比肩高或者低。

图 2-30

图 2-31

三、燕子手刀

以一侧为例，左手手刀放在右髋关节，掌心向上，右手手刀外展于右后方，掌心向外，与耳同高，作为准备动作（如图 2-32）。

发出动作时，左手手刀防御至额头上方，与上格挡类似，右手手刀攻击，与颈部同高，右肩向左微微旋转约 45°（如图 2-33）。

易犯错误：（1）格挡手的腕部弯曲；（2）攻击的手刀比颈部过高或者过低。

图 2-32

图 2-33

四、手刀刺击

（一）普通手刀刺击

辅助手手尖向上，肘关节自然弯曲状态向前伸出，下压防御的同时手刀

从腰间直线刺出，进攻目标为对方心窝，辅助手掌心向下垫于肘关节下（如图2-34）。

易犯错误：（1）动作完成后，身体的重心向前倾斜；（2）动作完成后，手腕部或者手掌向上。

图2-34

（二）反手刀刺击

手背向上，手尖向前刺出，进攻目标为对方眼睛、颈部、心窝（如图2-35）。

易犯错误：（1）动作完成后，身体的重心向前倾斜；（2）动作完成后，手腕部弯曲。

图2-35

第六节　肘法

一、肘横击（击肘）

以一侧为例，右手握拳，右臂曲肘于右腹前，拳心向下，左手附于右拳面（如图2-36）。步法变换的同时，右臂以肘尖领先由外向内肘击（如图2-37）。肘关节弯曲，右手拳背向上放于胸前，肘尖稍稍高于肩膀，腰部旋转发力。

易犯错误：（1）动作完成后击打高度太低；（2）击打时肘关节上下移动。

图2-36

图2-37

二、挑肘

以一侧为例，两手握拳收于腰间，左拳拳心向上，右拳拳心向下（如图2-38）。步法变换的同时，右臂曲肘夹紧，以肩关节为轴，用右肘尖向上挑击对方下颌，腰部力量制动（如图2-39）。

易犯错误：（1）动作完成后击打高度太低；（2）击打时肘关节向外抬起。

图 2-38

图 2-39

三、肘侧击（顶肘）

以一侧为例，左手握拳，左臂曲肘于左胸前，拳心向下，右臂曲肘，右掌贴附于左拳面（如图 2-40）。步法变换的同时，左臂曲肘，利用辅助手右掌将左肘尖侧向推出。掌与肘尖处于同一水平线上，右掌指尖向上伸直，右掌行至胸口（如图 2-41）。

易犯错误：（1）动作完成后击打高度太低；（2）击打完成后手腕部弯曲。

图 2-40

图 2-41

本章思考题

1. 跆拳道基本动作冲拳及上、中、下格挡中都有手臂的旋转吗？为什么？

2. 肘法主要有几种？具体要求有哪些？

第 三 章

跆拳道入门品势解析

第一节　太极一章

太极一章是根基，十六动作共组齐。
行走弓步将位移，上中下挡来防御。
前踢脚型似难题，中位冲拳好退敌。
吐气发声仗丹田，乾天阳刚需自强。

太极一章对应八卦中的"乾"，"乾"是八卦的第一卦，代表天与太阳，是宇宙万物之源。太极一章是第一套跆拳道品势，代表着跆拳道品势的根本与开端。太极一章品势线如图 3-1。

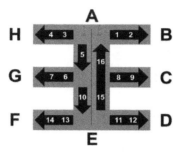

图 3-1

太极一章由 16 个基本动作组成，以简单的步法与行进为主。步法包含并排步、前行步、弓步，格挡包含下格挡、中格挡、上格挡，拳法为正冲拳，腿法为前踢。

一、动作解析

准备姿势：两脚开立，屈臂握拳（如图 3-2）。

左脚向 B 方向横迈一步，两脚距离与肩同宽，脚尖平行，双腿自然站立；双手掌心向上，由丹田处缓缓抬起至心窝，其间平缓吸气，双掌握拳并旋转为拳心向下，下压落回丹田处，其间平缓呼气。该过程共八个拍子，手脚动作同时发生，眼睛平视前方，身体保持自然放松状态，无明显发力。

动作 1：B 方向，身体左转，双脚以脚跟为轴向左旋转为前行步，左手下格挡（如图 3-3）。

图 3-2 图 3-3

动作 2：B 方向，右脚上步为前行步，右手正冲拳，冲拳为对手心窝方向（如图 3-4）。

动作 3：H 方向，以左脚为轴，身体向右后方旋转 180°，右脚迈为 H 方向的前行步，右手下格挡（如图 3-5）。

图 3-4 图 3-5

动作 4：H 方向，左脚上步为前行步，左手正冲拳，冲拳为对手心窝方向（如图 3-6）。

图 3-6

动作 5：E 方向，身体向左转 90°，左脚迈出左弓步，左手下格挡，左拳位于大腿上方（如图 3-7）。E 方向，弓步步法保持不变，右手正冲拳（如图 3-8）。

图 3-7

图 3-8

动作 6：G 方向，右脚跟上来，迈出前行步，左手中格挡（如图 3-9）。

动作 7：G 方向，左脚上步为前行步，右手正冲拳（如图 3-10）。

图 3-9

图 3-10

动作8：C方向，以右脚为轴，身体向左后方旋转180°，左脚迈出C方向的前行步，右手中格挡（如图3-11）。

动作9：C方向，右脚上步为前行步，左手正冲拳（如图3-12）。

图 3-11

图 3-12

动作10：E方向，身体向右转90°，右脚迈出右弓步，右手下格挡，右拳位于大腿上方（如图3-13）。

E方向，弓步步法保持不变，左手正冲拳（如图3-14）。

图 3-13

图 3-14

动作11：D方向，左脚跟上来，迈出前行步，左手上格挡（如图3-15）。

图 3-15

动作12：D方向，右腿前踢，双手抱拳收于腹部（如图3-16）。D方向，右脚下落为前行步步法，右手正冲拳（如图3-17）。

图 3-16   图 3-17

动作 13：F 方向，以左脚为轴，身体向右后方旋转 180°，右脚迈出为 F 方向的前行步，右手上格挡（如图 3-18）。

图 3-18

动作 14：F 方向，左腿前踢，双手抱拳收于腹部（如图 3-19）。F 方向，左脚下落为前进步步法，左手正冲拳（如图 3-20）。

图 3-19   图 3-20

动作 15：A 方向，以右脚为轴，身体向右旋转 90°，左脚迈出 A 方向的左弓步，左手下格挡（如图 3-21）。

图 3-21

动作 16：A 方向，右脚迈出右弓步，右手正冲拳，同时气合发声（如图 3-22）。

图 3-22

收势动作：以右脚为轴，身体向左后方旋转270°，左脚向后撤，与右脚平行收回，成并排步，同准备姿势。双掌由丹田抬至心窝，吸气；缓缓握拳落回丹田，呼气。该过程同准备姿势，共八个拍子（如图3-23）。

图 3-23

二、太极一章训练注意点

（1）准备动作两拳间距离为1个立拳，与身体距离为1个立拳。

（2）做冲拳动作时，另一只手作为辅助手向身体正前方自然伸直再快速回拉，向前伸出的时候要做到连贯、自然、放松。

（3）手、脚、视线三者形散神不散，所有动作手脚同时到位，视线方向随之移动。

（4）重心移动时，腰部带动身体旋转，保持身体平衡，重心平稳移动，无高度起伏变化，视线方向一致，下身步法稳健，上身灵活。

（5）小腿夹紧，提膝前踢，脚尖呈脚刀状，小腿收回时膝关节不可掉落，支撑脚不可旋转过度，这样有利于进行反击。

（6）所有动作，做动作时吸气，完成动作变换发力时呼气。

第二节　太极二章

太极二章十八式，高位冲拳人中击。

内柔外刚乃本意，兑泽如渠皆纵横。

太极二章对应八卦中的"兑"，是内柔外刚的意思。因此，太极二章的招式虽看似柔软，却可随时发动强烈攻击。太极二章品势线如图 3-24。

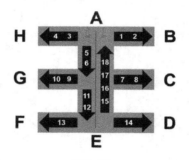

图 3-24

太极二章由 18 个基本动作组成，相比于太极一章，太极二章要求更加熟练地掌握基本动作与重心移动。步法包含并排步、前行步、弓步，格挡包含下格挡、中格挡、上格挡，拳法包含正冲拳、上冲拳，腿法主要为前踢。

一、动作解析

准备姿势：两脚开立，屈臂握拳（如图 3-25）。

动作 1：B 方向，身体左转，双脚以脚跟为轴向左旋转为前行步，左手下格挡（如图3-26）。

图3-25

图3-26

动作2：B方向，右脚上步为右弓步，右手正冲拳，冲拳为对手心窝方向（如图3-27）。

动作3：H方向，以左脚为轴，身体向右后方旋转180°，右脚迈出H方向的前行步，右手下格挡（如图3-28）。

图3-27

图3-28

动作4：H方向，左脚上步为左弓步，左手正冲拳，冲拳为对手心窝方向（如图3-29）。

动作5：E方向，以右脚为轴，身体向左旋转90°，左脚迈出前行步，右手中格挡（如图3-30）。

图3-29

图3-30

动作6：E方向，右脚向前迈出前行步，左手中格挡（如图3-31）。

动作7：C方向，以右脚为轴，身体向左旋转90°，左脚迈出前行步，左手下格挡（如图3-32）。

图3-31

图3-32

动作 8：C 方向，右脚前踢，膝关节提起，小腿夹紧踢出，夹紧收回，双手收在胸前（如图 3-33）。C 方向，右脚前踢后下落为右弓步，右手上冲拳，攻击目标为人中高度，手脚同起同落（如图 3-34）。

图 3-33

图 3-34

动作 9：G 方向，以左脚为轴，身体向右后方旋转 180°，右脚迈出 G 方向的前行步，右手下格挡（如图 3-35）。

图 3-35

动作 10：G 方向，左脚前踢，膝关节提起，小腿夹紧踢出，夹紧收回，双手收在胸前（如图3-36）。G方向，左脚前踢后下落为左弓步，左手上冲拳，攻击目标为人中高度，手脚同起同落（如图3-37）。

图3-36

图3-37

动作11：E方向，以右脚为轴，身体向左旋转90°，左脚迈出前行步，左手上格挡（如图3-38）。

动作12：E方向，右脚迈出前行步，右手上格挡（如图3-39）。

图3-38

图3-39

动作 13：F 方向，以右脚为轴，身体向左后方旋转 270°，左脚迈出前行步，右手中格挡（如图 3-40）。

动作 14：D 方向，身体向右后方旋转 180°，原地变换为 D 方向右脚在前的前行步，左手中格挡（如图 3-41）。

图 3-40

图 3-41

动作 15：A 方向，以右脚为轴，身体向左旋转 90°，左脚迈出 A 方向的前行步，左手下格挡（如图 3-42）。

图 3-42

动作16：A方向，右脚前踢，膝关节提起，小腿夹紧踢出，夹紧收回，双手收在胸前（如图3-43）。A方向，右脚前踢后下落为前行步，右手正冲拳，攻击目标为心窝高度，手脚同起同落（如图3-44）。

图3-43

图3-44

动作17：A方向，左脚前踢，膝关节提起，小腿夹紧踢出，夹紧收回，双手收在胸前（如图3-45）。

图 3-45

A方向，左脚前踢后下落为前行步，左手正冲拳，攻击目标为心窝高度，手脚同起同落（如图 3-46）。

图 3-46

动作 18：A方向，右脚前踢，膝关节提起，小腿夹紧踢出，夹紧收回，双手收在胸前（如图 3-47）。

图 3-47

A方向，右脚前踢后下落为前行步，右手正冲拳，同时气合发声，攻击目标为心窝高度，手脚同起同落（如图 3-48）。

图 3-48

收势动作：以右脚为轴，身体向左后方旋转270°，左脚向后撤，与右脚平行收回，成并排步，同准备姿势。双掌由丹田抬至心窝，吸气；缓缓握拳落回丹田，呼气。该过程同准备姿势，共八个拍子（如图 3-49）。

图 3-49

二、太极二章训练注意点

（1）中格挡时，肘尖靠近身体运行，以充分保护身体。

（2）由前行步变弓步时，重心自然移动，不可突然下降。

（3）所有动作在结束时都要做到手脚同步，尤其是踢腿处要注意。

（4）以脚前掌为轴转身后注意步法规范，不可二次变换。

（5）前踢后，脚下落同时正拳击出，动作连贯进行，应重视连接动作的练习。

第三节　太极三章

太极三章二十技，手刀封喉将敌逼。

前三后七新步法，单片手刀来防御。

两次冲拳需猛烈，离火绚丽附团结。

太极三章对应八卦中的"离"，象征火，具有光和热的含义。因此太极三章含有充满活力的动作，表现时注意动作的活跃性。太极三章品势线如图3-50。

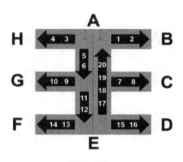

图 3-50

太极三章由 20 个基本动作组成，强调格挡后踢击与正拳进攻的连续性，要训练格挡对方进攻后快速反击的能力。太极三章出现了品势中最重要的步法之一——三七步。太极三章步法包含并排步、前行步、弓步、三七步，格挡包含下格挡、中格挡，拳法主要为正冲拳，腿法主要为前踢，掌法包含行进步单手刀进攻、三七步单手刀防御。

一、动作解析

准备姿势：两脚开立，屈臂握拳（如图 3-51）。

动作 1：B 方向，身体左转，双脚以脚跟为轴向左旋转为前行步，左手下格挡（如图 3-52）。

图 3-51

图 3-52

动作 2：B 方向，右脚前踢，膝关节提起，小腿夹紧踢出，夹紧收回，双手收在胸前（如图 3-53）。

图 3-53

B方向，右脚前踢后下落为右弓步，连续两次正冲拳，步法不变，冲拳顺序先右后左，保持心窝高度（如图 3-54）。

图 3-54

动作 3：H方向，以左脚为轴，身体向右后方旋转180°，右脚迈出H方向的前行步，右手下格挡（如图 3-55）。

动作 4：H方向，左脚前踢，膝关节提起，小腿夹紧踢出，夹紧收回，双手收在胸前（如图 3-56）。

图 3-55 图 3-56

H 方向，左脚前踢后下落为左弓步，连续两次正冲拳，步法不变，冲拳顺序先左后右，保持心窝高度（如图 3-57）。

图 3-57

动作 5：E 方向，以右脚为轴，身体向左旋转 90°，左脚迈出 E 方向的前行步，右手单手刀进攻，进攻方向由外向内，进攻目标为颈部高度（如图 3-58）。

动作 6：E 方向，右脚迈出前行步，左手单手刀进攻，进攻方向由外向内，进攻目标为颈部高度（如图3-59）。

图3-58 　　　　　　　　　　　　　　　图3-59

动作7：C方向，以右脚为轴，身体向左旋转90°，左脚迈出三七步，左手单手刀防御，进攻方向由内向外，手刀格挡于心窝高度（如图3-60）。

动作8：C方向，右脚蹬地，左脚向前迈出弓步，右手正冲拳（如图3-61）。

图3-60 　　　　　　　　　　　　　　　图3-61

动作9：G方向，以左脚为轴，身体向右后方旋转180°，右脚向内回收变为G方向的三七步，右手单手刀防御，进攻方向由内向外，手刀格挡于心窝

高度（如图 3-62）。

　　动作 10：G 方向，左脚蹬地，右脚向前迈出弓步，左手正冲拳（如图
3-63）。

图 3-62

图 3-63

　　动作 11：E 方向，以右脚为轴，身体向左旋转 90°，左脚迈出前行步，右
手中格挡（如图 3-64）。

　　动作 12：E 方向，右脚迈出前行步，左手中格挡（如图 3-65）。

图 3-64

图 3-65

动作 13：F 方向，以右脚为轴，身体向左后方旋转 270°，左脚迈出前行步，左手下格挡（如图 3-66）。

动作 14：F 方向，右脚前踢，膝关节提起，小腿夹紧踢出，夹紧收回，双手收在胸前（如图 3-67）。

图 3-66

图 3-67

F 方向，右脚前踢后下落为右弓步，连续两次正冲拳，步法不变，冲拳顺序先右后左，保持心窝高度（如图 3-68）。

图 3-68

动作15：D方向，以左脚为轴，身体向右后方旋转180°，右脚迈出D方向的前行步，右手下格挡（如图3-69）。

动作16：D方向，左脚前踢，膝关节提起，小腿夹紧踢出，夹紧收回，双手收在胸前（如图3-70）。

图3-69

图3-70

D方向，左脚前踢后下落为左弓步，连续两次正冲拳，步法不变，冲拳顺序先左后右，保持心窝高度（如图3-71）。

图3-71

动作17：A方向，以右脚为轴，身体向左旋转90°，左脚迈出A方向的前行步，左手下格挡（如图3-72）。

图 3-72

A方向，步法不变，快速连接右手正冲拳（如图3-73）。

图 3-73

动作18：A方向，右脚迈出前行步，右手下格挡（如图3-74）。

图 3-74

A方向，步法不变，快速连接左手正冲拳（如图 3-75）。

图 3-75

动作 19：A方向，左脚前踢，膝关节提起，小腿夹紧踢出，夹紧收回，双手收在胸前（如图 3-76）。

图 3-76

A 方向，左脚前踢后下落为左脚在前的前行步，左手下格挡（如图 3-77）。

图 3-77

A 方向，步法不变，快速连接右手正冲拳（如图 3-78）。

图 3-78

动作 20：A 方向，右脚前踢，膝关节提起，小腿夹紧踢出，夹紧收回，双手收在胸前（如图 3-79）。

图 3-79

A 方向，右脚前踢后下落为右脚在前的前行步，右手下格挡（如图 3-80）。

图 3-80

A方向，步法不变，快速连接左手正冲拳，同时气合发声（如图 3-81）。

图 3-81

收势动作：以右脚为轴，身体向左后方旋转 270°，左脚向后撤，与右脚平行收回，成并排步，同准备姿势。双掌由丹田抬至心窝，吸气；缓缓握拳落回丹田，呼气。该过程同准备姿势，共八个拍子（如图 3-82）。

图 3-82

四、太极三章训练注意点

（1）前踢与两次正冲拳为连续动作，两次正冲拳力量要均匀，并且快速、连贯，为一个动作的节奏。

（2）连续冲拳时，要把辅助手回拉，以提供充分的反作用力，增加出拳的速度。

（3）行进步单手刀进攻时，手腕平伸，掌心面向自己，不可弯曲，肘关节自然伸直，身体沿进攻方向旋转约30°。

（4）三七步单手刀防御时，手刀格挡于心窝高度，指尖向上不可超过肩膀，手腕平伸，掌心朝向正面，手肘下沉，与膝关节相对。

（5）三七步变弓步时，后脚前掌旋转蹬地，前脚向前沿直线上步，两脚距离由两脚间隔变为三脚到三个半脚间隔。步法变换时，要保持重心平移，不可突降突落。

（6）下格挡接正冲拳、前踢接下格挡接正冲拳的动作之间要快速有力连接进行。

第四节　太极四章

太极四章二十招，护卫需仗俩手刀。

穿掌尽将破绽挑，苦练侧踢难取巧。

单拳外格胜手刀，背拳前击人中着。

两番侧踢决技高，震雷交叠波澜广。

太极四章对应八卦中的"震",指雷,代表着威严和力量,意思是具有警惕性、虔诚态度和权威性,太极四章品势线如图3-83。

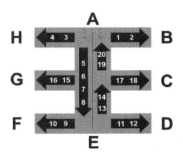

图 3-83

太极四章由20个动作组成,技术动作和步法偏向难度化和实战化。其步法包含并排步、前行步、弓步、三七步,格挡包含中格挡、中外格挡,拳法包含正冲拳、背拳,腿法包含前踢、侧踢,掌法包括双手刀、普通手刀刺击、燕子手刀。

一、动作解析

准备姿势:两脚开立,屈臂握拳(如图3-84)。
动作1:B方向,左脚迈出三七步,双手刀防御(如图3-85)。

图 3-84

图 3-85

动作2:B方向,右脚向前迈出右弓步,右手普通手刀刺击,左手下压防

御的同时右手手刀从腰间直线刺出，进攻目标为对方心窝（如图3-86）。

动作3：H方向，以左脚为轴，身体向右后方旋转180°，右脚迈为H方向的三七步，双手刀防御（如图3-87）。

图3-86　　　　　　　　　　　　　　　　图3-87

动作4：H方向，左脚向前迈出左弓步，左手普通手刀刺击，右手下压防御的同时左手手刀从腰间直线刺出，进攻目标为对方心窝（如图3-88）。

动作5：E方向，以右脚为轴，身体向左旋转90°，左脚迈出E方向的左弓步，右手燕子手刀（如图3-89）。

图3-88　　　　　　　　　　　　　　　　图3-89

动作6：E方向，右脚前踢，膝关节提起，小腿夹紧踢出，夹紧收回，双手收在胸前（如图3-90）。E方向，右脚前踢后下落为右弓步，左手正冲拳，攻击目标为心窝高度，手脚同起同落（如图3-91）。

图 3-90

图 3-91

动作7：E方向，左脚侧踢，膝关节提起之后侧踢踢出，收腿时同样，膝关节不可向下（如图3-92）。

图 3-92

动作 8：E 方向，左脚侧踢后下落为左前行步，连接右脚侧踢，两次侧踢具有一定的连续性（如图 3-93）。E 方向，右脚侧踢后下落为右脚在前的三七步，同时双手刀防御（如图 3-94）。

图 3-93

图 3-94

动作 9：F 方向，以右脚为轴，身体向左后方旋转 270°，左脚迈出三七步，左手中外格挡（如图 3-95）。

图 3-95

动作 10：F 方向，右脚前踢，膝关节提起，小腿夹紧踢出，夹紧收回，双手收在胸前（如图 3-96）。F 方向，左脚位置不变，右脚回落三七步，变换回原步法，右手中格挡（如图 3-97）。

图 3-96

图 3-97

动作 11：D 方向，以左脚为轴，身体向右后方旋转 180°，原地变换为 D 方向右脚在前的三七步，右手中外格挡（如图 3-98）。

图 3-98

动作12：D方向，左脚前踢，膝关节提起，小腿夹紧踢出，夹紧收回，双手收在胸前（如图3-99）。

D方向，右脚位置不变，左脚回落三七步，变换回原步法，左手中格挡（如图3-100）。

图3-99

图3-100

动作13：A方向，以右脚为轴，身体向左旋转90°，左脚迈出A方向的左弓步，右手燕子手刀（如图3-101）。

图3-101

动作 14：A 方向，右脚前踢，膝关节提起，小腿夹紧踢出，夹紧收回，双手收在胸前（如图 3-102）。

图 3-102

A 方向，右脚侧踢后下落为右弓步，同时右手背拳前击（如图 3-103）。

图 3-103

动作 15：G 方向，以右脚为轴，身体向左旋转 90°，左脚迈出 G 方向的前行步，左手中格挡（如图 3-104）。

动作16：G方向，步法不变，快速连接右手正冲拳（如图3-105）。

图3-104　　　　　　　　　　　　　　　图3-105

动作17：C方向，身体向右后方旋转180°，原地变换为C方向右脚在前的前行步，右手中格挡（如图3-106）。

动作18：C方向，步法不变，快速连接左手正冲拳（如图3-107）。

图3-106　　　　　　　　　　　　　　　图3-107

动作19：A方向，以右脚为轴，身体向左旋转90°，左脚迈出A方向的左弓步，左手中格挡（如图 3-108）。

图 3-108

A 方向，步法不变，紧接连续两次正冲拳，冲拳顺序先右后左，保持心窝高度（如图 3-109）。

图 3-109

动作 20：A 方向，右脚迈出右弓步，右手中格挡（如图 3-110）。

图 3-110

A方向，步法不变，紧接连续两次正冲拳，冲拳顺序先左后右，保持心窝高度，同时气合发声（如图 3-111）。

图 3-111

收势动作：以右脚为轴，身体向左后方旋转270°，左脚向后撤，与右脚平行收回，成并排步，同准备姿势。双掌由丹田抬至心窝，吸气；缓缓握拳落回丹田，呼气。该过程同准备姿势，共八个拍子（如图 3-112）。

图 3-112

二、太极四章训练注意点

（1）普通手刀刺击时，前手手掌下压防御同时手刀从腰间刺出，上体正直，不可向前倾斜。

（2）侧踢时支撑脚前掌旋转与腰部旋转发力同时进行，控腿的短暂停滞要明确表现出来。

（3）三七步步法之间的方向转换不要产生重心的起伏。

（4）前踢后落回三七步不要失去重心，身体朝向三七步两脚间夹角45°对角线方向。

（5）燕子手刀由左手上段防御和右手单手刀攻击组成，通过腰部旋转发力制动，攻击的单手刀为颈部高度。

（6）背拳由辅助手的内侧旋转手腕击出，手腕平伸不可弯曲。

（7）动作间的衔接要自然、快速、有力。

第五节 太极五章

太极五章二十招，砸拳如锤肩上敲。

高位横肘击面颊，中位肘击破胸口。

交叉步来近身打，巽风柔和随风飘。

太极五章对应八卦中的"巽"，"巽"是八卦的第五卦，代表着风，有由弱

渐强、由软及刚之意。太极五章品势线如图 3-113。

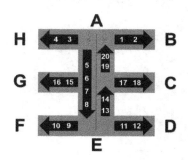

图 3-113

太极五章由 20 个基本动作组成，相较于太极一至四章，出现了新的肘法、步法和拳法。步法包含并排步、前行步、弓步、丁字步、交叉步、三七步，格挡包含下格挡、中格挡、上格挡、中外格挡，拳法包含捶拳、背拳，掌法为单手刀，肘法包含击肘、掌肘对击，腿法包含前踢、侧踢。

一、动作解析

准备姿势：两脚开立，屈臂握拳（如图 3-114）。左脚向 B 方向横迈一步，两脚距离与肩同宽，脚尖平行，双腿自然站立；双手掌心向上，由丹田处缓缓抬起至心窝，其间平缓吸气，双掌握拳并旋转为拳心向下，下压落回丹田处，其间平缓呼气。该过程共八个拍子，手脚动作同时发生，眼睛平视前方，身体保持自然放松状态，无明显发力。

动作 1：B 方向，身体左转，左脚迈出左弓步，左手下格挡（如图 3-115）。

图 3-114

图 3-115

动作2：B方向，左脚收回朝向B方向做丁字步，左手捶拳（如图3-116）。

动作3：H方向，身体向右旋转180°，双脚以脚跟为轴随身体向右旋转，右脚迈出右弓步，右手下格挡（如图3-117）。

图 3-116

图 3-117

动作4：H方向，右脚收回朝向B方向做丁字步，右手捶拳（如图3-118）。

图 3-118

动作5：E方向，左脚向前迈出左弓步，左手中格挡（如图3-119）。

E方向，弓步步法保持不变，右手中格挡（如图3-120）。

图3-119

图3-120

动作6：E方向，右腿前踢，双手抱拳收于腹部（如图3-121）。

图3-121

E方向，右脚落地迈出右弓步，右手背拳（如图3-122）。E方向，弓步步法保持不变，左手中格挡（如图3-123）。

图 3-122

图 3-123

动作 7：E 方向，左腿前踢，双手抱拳收于腹部（如图 3-124）。E 方向，左脚落地迈出左弓步，左手背拳（如图 3-125）。

图 3-124

图 3-125

E 方向，弓步步法保持不变，右手中格挡（如图 3-126）。

图 3-126

动作 8：E 方向，右脚上步迈出右弓步，右手背拳（如图 3-127）。

动作 9：F 方向，左腿按逆时针方向旋转 90°，朝 F 方向迈出三七步，三分重心在左腿，七分重心在右腿，左手单手刀（如图 3-128）。

图 3-127

图 3-128

动作 10：F 方向，右脚上步迈出右弓步，右手握拳击左掌并进行高位击肘（如图 3-129）。

动作 11：D方向，右腿按顺时针方向旋转180°，迈出三七步，三分重心在右腿，七分重心在左腿，右手单手刀（如图 3-130）。

图 3-129

图 3-130

动作 12：D方向，左脚上步迈出弓步，左手握拳击右掌并进行高位击肘（如图 3-131）。

图 3-131

动作 13：A 方向，左腿按逆时针方向旋转 90°，迈出弓步，左手下格挡（如图 3-132）。

图 3-132

A 方向，弓步步法保持不变，右手中格挡（如图 3-133）。

图 3-133

动作 14：A 方向，右腿前踢，双手抱拳收于腹部（如图 3-134）。

图 3-134

A方向，右脚落地迈出右弓步，右手下格挡（如图3-135）。A方向，弓步步法保持不变，左手中格挡（如图3-136）。

图 3-135   图 3-136

动作15：G方向，左脚迈出左弓步，左手上格挡（如图3-137）。

图 3-137

动作 16：G 方向，右腿侧踢，右手出拳（如图 3-138）。G 方向，右脚落地迈出右弓步，左手握拳，以左肘肘击右掌，作中位掌肘对击（如图 3-139）。

图 3-138

图 3-139

动作 17：C 方向，右腿按顺时针方向旋转 180°，迈出右弓步，右手上格挡（如图 3-140）。

图 3-140

动作 18：C 方向，左腿侧踢，左手出拳（如图 3-141）。C 方向，左脚落地迈出左弓步，右手握拳，以右肘肘击左掌，做中位掌肘对击（如图 3-142）。

图 3-141

图 3-142

动作 19：A 方向，左腿按逆时针方向旋转 90°，迈出左弓步，左手下格挡（如图 3-143）。

图 3-143

A方向，弓步步法保持不变，右手中格挡（如图 3-144）。

图 3-144

动作 20：A方向，右腿前踢，双手抱拳收于腹部（如图 3-145）。

图 3-145

A方向，右腿落地，左腿并右腿作交叉步，右手背拳，发声（如图 3-146）。

图 3-146

收势动作：以右脚为轴，身体向左后方旋转180°，左脚向后撤，与右脚平行收回，成并排步，同准备姿势。双掌由丹田抬至心窝，吸气；缓缓握拳落回丹田，呼气。该过程共八个拍子（如图 3-147）。

图 3-147

二、太极五章训练注意点

（1）捶拳砸出后，臂肘略微弯曲，拳的高度与人中相等。

（2）肘击时，肘关节击打在面部高度，后手手掌推动进攻手的拳面，攻击手拳心向下，拳掌接触点在进攻手的胸前且不贴身。

（3）侧踢时的出拳动作，出拳手与侧踢腿为同侧。准备动作时，出拳手将拳搭在异侧前肩，另一只手与出拳手平行贴于身体；出拳时，出拳手的手臂与侧踢腿平行。

（4）掌肘对击的进攻手肘关节击打在辅助手的掌心上，高度在胸口，进攻手拳心向下，小臂放平。

第六节　太极六章

太极六章有十九，逆势手刀可防头。

横踢反击态自若，推掌即将中线防。

右脚自将步法受，坎水勿把磨难愁。

太极六章对应八卦中的"坎"，"坎"是八卦的第六卦，代表着水，蕴含川流不息、柔韧延绵之意。太极六章品势线如图 3-148。

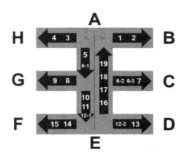

图 3-148

太极六章由 19 个基本动作组成。步法包含并排步、前行步、弓步、三七步，格挡包含下格挡、外格挡、手刀斜外上格挡，拳法为正冲拳，掌法包含单手刀、双手刀、推掌、手刀斜外上格挡，腿法包含前踢、横踢。

一、动作解析

准备姿势：两脚开立，屈臂握拳（如图 3-149）。左脚向 B 方向横迈一步，两脚距离与肩同宽，脚尖平行，双腿自然站立；双手掌心向上，由丹田处缓缓抬起至心窝，其间平缓吸气，双掌握拳并旋转为拳心向下，下压落回丹田处，其间平缓呼气。该过程共八个拍子，手脚动作同时发生，眼睛平视前方，身体保持自然放松状态，无明显发力。

动作 1：B 方向，左脚迈出左弓步，左手下格挡（如图 3-150）。

图 3-149

图 3-150

动作 2：B 方向，右腿前踢，双手抱拳收于腹部（如图 3-151）。B 方向，右脚收回后，落于左脚后方迈出三七步，三分重心在左腿，七分重心在右腿，左手外格挡（如图 3-152）。

图 3-151

图 3-152

动作 3：H 方向，身体按顺时针方向旋转 180°，右脚迈出右弓步，右手下格挡（如图 3-153）。

图 3-153

动作 4：H 方向，左腿前踢，双手抱拳收于腹部（如图 3-154）。H 方向，左脚收回后，落于右脚后方迈出三七步，三分重心在右腿，七分重心在左腿，右手外格挡（如图 3-155）。

图 3-154

图 3-155

动作 5：E 方向，左脚迈出左弓步，右手手刀斜外上格挡（如图 3-156）。

图 3-156

动作6：E方向，右腿横踢（如图3-157）。C方向，右脚落地后，左脚上步朝C方向迈出弓步，左手外格挡（如图3-158）。C方向，左脚弓步步法不变，右手正冲拳（如图3-159）。

图 3-157

图 3-158

图 3-159

动作7：C方向，右腿前踢，双手抱拳收于腹部（如图3-160）。C方向，右脚落地迈出右弓步，左手正冲拳（如图3-161）。

图 3-160

图 3-161

动作 8：G 方向，右脚按顺时针方向旋转 180°，迈出弓步，右手外格挡（如图 3-162）。G 方向，右脚步法弓步不变，左手正冲拳（如图 3-163）。

图 3-162

图 3-163

动作 9：G 方向，左腿前踢，双手抱拳收于腹部（如图 3-164）。G 方向，左脚落地迈出左弓步，右手正冲拳（如图 3-165）。

图 3-164

图 3-165

动作 10: E 方向,左脚按逆时针方向旋转 180°,与右脚平行站立,两脚之间距离与肩同宽,双手小臂交叉于胸前,左手在前,右手在后。双手从胸前画弧形打开并缓缓落下,分别落于两侧大腿距离一拳的地方(如图 3-166)。

动作 11: E 方向,右脚迈出右弓步,左手手刀斜外上格挡(如图 3-167)。

图 3-166

图 3-167

动作 12: E 方向,左腿横踢,同时发声(如图 3-168)。D 方向,左脚落地后,右脚按顺时针方向旋转 90°,迈出右弓步,右手下格挡(如图 3-169)。

图 3-168

图 3-169

动作 13：D 方向，左腿前踢，双手抱拳收于腹部（如图 3-170）。D 方向，左脚收回后，落于右脚后方迈出三七步，三分重心在右腿，七分重心在左腿，右手外格挡（如图 3-171）。

图 3-170

图 3-171

动作 14：F 方向，身体按逆时针方向旋转 180°，左脚迈出左弓步，左手下格挡（如图 3-172）。

图 3-172

动作 15：F 方向，右腿前踢，双手抱拳收于腹部（如图 3-173）。F 方向，右脚收回后，落于左脚后方迈出三七步，三分重心在左腿，七分重心在右腿，左手外格挡（如图 3-174）。

图 3-173

图 3-174

动作 16：E 方向，右脚按逆时针方向旋转 90°，落于左脚后方迈出三七步，三分重心在左腿，七分重心在右腿，左手在前右手在后做双手刀（如图 3-175）。

动作 17：E 方向，左脚向后迈出三七步，三分重心在右腿，七分重心在左腿，右手在前左手在后做双手刀（如图 3-176）。

图 3-175   图 3-176

动作 18：E 方向，右脚向后迈出左弓步，左手推掌（如图 3-177）。E 方向，弓步步法保持不变，右手正冲拳（如图 3-178）。

图 3-177   图 3-178

动作 19：E 方向，左脚向后迈出右弓步，右手推掌（如图 3-179）。E 方向，弓步步法保持不变，左手正冲拳（如图 3-180）。

图 3-179

图 3-180

收势动作：左脚向后撤，与右脚平行收回，成并排步，同准备姿势。双掌由丹田抬至心窝，吸气；缓缓握拳落回丹田，呼气。该过程同准备姿势，共八个拍子（如图 3-181）。

图 3-181

二、太极六章训练注意点

（1）做手刀斜外上格挡时，手刀肘关节夹角为 90°～ 120°，指尖与太阳穴同高。

（2）做推掌的手，肘关节夹角为90°～120°，手刀高度与心口同高。

（3）横踢时，双手握拳搭在踢出腿侧的腰间，上半身稍微向后仰。

（4）最后一个动作做完后不发声。

第七节　太极七章

太极七章二十五，首看虎步与马步。

双手解脱似扯绳，按肩提膝顶膛部。

十字交叉来防御，背拳抡打太阳穴。

里合跟进打面颊，艮山不动如金刚。

太极七章对应八卦中的"艮"，"艮"是八卦的第七卦，代表着山，蕴含步态厚重、心态稳重之意。太极七章品势线如图3-182。

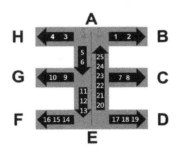

图 3-182

太极七章由25个基本动作组成。步法包含并步、并排步、前行步、弓步、三七步、虎步、马步，格挡包含下格挡、中格挡、外格挡、十字交叉防御，拳法包含正冲拳、侧冲拳、敬拳，掌法包含单手刀、双手刀，腿法包含前踢、里合。

一、动作解析

准备姿势：两脚开立，屈臂握拳（如图3-183）。左脚向B方向横迈一步，两脚距离与肩同宽，脚尖平行，双腿自然站立；双手掌心向上，由丹田处缓缓抬起至心窝，其间平缓吸气，双掌握拳并旋转为拳心向下，下压落回丹田处，其间平缓呼气。该过程共八个拍子，手脚动作同时发生，眼睛平视前方，身体保持自然放松状态，无明显发力。

动作 1：B 方向，左脚按逆时针方向旋转 90°，迈出虎步，左脚脚尖立起，右手单手刀（如图 3-184）。

图 3-183

图 3-184

动作 2：B 方向，右腿前踢，双手抱拳收于腹部（如图 3-185）。B 方向，右腿收回后，落于左腿后方，迈出虎步，左脚脚尖立起，左手中格挡（如图 3-186）。

图 3-185

图 3-186

动作 3：H 方向，身体按顺时针方向旋转 180°，迈出虎步，右脚脚尖立起，左手单手刀（如图 3-187）。

图 3-187

动作 4：H 方向，左腿前踢，双手抱拳收于腹部（如图 3-188）。H 方向，左脚收回后，落于右脚后方，迈出虎步，右脚脚尖立起，右手中格挡（如图 3-189）。

图 3-188

图 3-189

动作 5：E 方向，左脚迈出三七步，三分重心在左腿，七分重心在右腿，左手在前右手在后做低位双手刀（如图 3-190）。

动作6：E方向，右脚迈出三七步，三分重心在右腿，七分重心在左腿，右手在前左手在后做低位双手刀（如图3-191）。

图 3-190   图 3-191

动作7：C方向，身体按逆时针方向旋转90°，迈出虎步，左脚脚尖立起，左手握拳横在胸前，右手单手刀，右肘搭在左拳上（如图3-192）。

图 3-192

动作8：C方向，虎步步法保持不变，右手手刀按顺时针方向划圈并转为握拳，高度齐面（如图3-193）。

图 3-193

动作 9：G 方向，身体按顺时针方向旋转 180°，迈出虎步，右脚脚尖立起，右手握拳横在胸前，左手单手刀，左肘搭在右拳上（如图 3-194）。

图 3-194

动作 10：G 方向，虎步步法保持不变，左手手刀按逆时针方向划圈并转为握拳，高度齐面（如图 3-195）。

图 3-195

动作 11：E方向，身体按逆时针方向旋转 90°，左脚收回并步，双手抱拳从下往上至胸口高度，再缓缓推出，并将高度从胸口推至面部，即敬拳（如图 3-196）。

图 3-196

动作 12：E方向，左脚迈出左弓步，左手外格挡，右手下格挡（如图 3-197）。E方向，弓步步法保持不变，右手外格挡，左手下格挡（如图 3-198）。

图 3-197

图 3-198

动作13：E方向，右脚迈出右弓步，右手外格挡，左手下格挡（如图3-199）。E方向，弓步步法保持不变，左手外格挡，右手下格挡（如图3-200）。

图 3-199

图 3-200

动作14：F方向，左脚按逆时针方向旋转90°，迈出左弓步，双手分拳中段防御（如图3-201）。

动作15：F方向，弓步步法保持不变，双拳变掌，双臂向前上方伸出（如图3-202）。

图3-201

图3-202

F方向，双臂握拳下拉，同时右腿顶膝（如图3-203）。F方向，右脚落地后，左脚并上前做交叉步，右脚在前左脚在后，双仰拳前击（如图3-204）。

图3-203

图3-204

动作16：F方向，左脚向后迈出右弓步，左手在上右手在下，从左腰带出交叉十字防御（如图 3-205）。

　　动作 17：D 方向，右脚按顺时针方向旋转 180°，迈出右弓步，双手分拳中段防御（如图 3-206）。

图 3-205

图 3-206

　　动作 18：D 方向，弓步步法保持不变，双拳变掌，双臂向前上方伸出（如图 3-207）。

图 3-207

D方向，双臂握拳下拉，同时左腿顶膝（如图3-208）。D方向，左脚落地后，右脚并上前做交叉步，左脚在前右脚在后，双仰拳前击（如图3-209）。

图 3-208

图 3-209

动作19：D方向，右脚向后迈出左弓步，右手在上左手在下，从右腰带出交叉十字防御（如图3-210）。

图 3-210

动作20：A方向，左脚按逆时针方向旋转90°，迈出前行步，左弓捶拳与太阳穴齐高，身体朝正A方向（如图3-211）。

图 3-211

动作21：A方向，左拳变掌，右腿里合击左掌（如图3-212）。

图 3-212

G方向，以左脚为轴按逆时针方向旋转90°，右腿落地后迈出马步，左臂

拉回胸前，右手握拳以右臂击左臂（如图 3-213）。

图 3-213

动作 22：A 方向，右脚按顺时针方向旋转 90°，左脚略微收回，变马步为前行步，右手捶拳与太阳穴齐高，身体朝正 A 方向（如图 3-214）。

图 3-214

动作 23：A 方向，右拳变掌，左腿里合击右掌（如图 3-215）。

图 3-215

C方向，以右脚为轴按顺时针方向旋转90°，左腿落地后迈出马步，右臂拉回胸前，左手握拳以左臂击右臂（如图3-216）。

图 3-216

动作24：C方向，马步步法保持不变，左手朝A方向出单手刀，目光注视A方向（如图3-217）。

图 3-217

动作 25：G 方向，右腿按逆时针方向旋转 180°，迈出马步，右手朝 A 方向侧冲拳，目光注视 A 方向，发声（如图 3-218）。

图 3-218

收势动作：左脚向后撤，与右脚平行收回，成并排步，同准备姿势。双掌由丹田抬至心窝，吸气；缓缓握拳落回丹田，呼气。全程共八个拍子（如图 3-219）。

图 3-219

二、太极七章训练注意点

（1）做十字交叉防御时，弓步后腿同侧的手搭在上方，双手交叉后与大腿为两拳距离。

（2）敬拳抱拳时，应以左掌包住右拳，左手大拇指紧紧贴合右手虎口处。

（3）动作 15、18 中，双臂握拳下拉应按垂直方向从上往下，落在大腿两侧；双臂向前上方伸出时，注意小臂与地面平行。

第八节　太极八章

太极八章二十七，双拳中格关门急。

两段前踢需追击，半个山字全防御。

勾拳来把下颚袭，坤地阴柔载万物。

太极八章对应八卦中的"坤"，"坤"是八卦的第八卦，代表大地，蕴含万物生长、有始有终之意。太极八章既是无段者的最后过程，也是有段者的最初阶段。太极八章品势线如图 3-220。

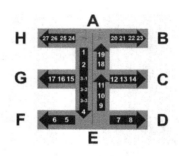

图 3-220

太极八章由 27 个基本动作组成。步法包含并排步、前行步、交叉步、弓步、三七步、虎步，格挡包含下格挡、中格挡、外格挡，拳法包含正冲拳、勾拳、背拳，掌法包含单手刀、双手刀，肘法主要为击肘，腿法包含前踢、腾空前踢、两段前踢。

一、动作解析

准备姿势：两脚开立，屈臂握拳（如图 3-221）。左脚向 B 方向横迈一步，两脚距离与肩同宽，脚尖平行，双腿自然站立；双手掌心向上，由丹田处缓缓抬起至心窝，其间平缓吸气，双掌握拳并旋转为拳心向下，下压落回丹田处，其间平缓呼气。该过程共八个拍子，手脚动作同时发生，眼睛平视前方，身体保持自然放松状态，无明显发力。

动作 1：E 方向，左脚迈出三七步，三分重心在左腿，七分重心在右腿，左手在前右手在后做双拳中格挡（如图 3-222）。

图 3-221

图 3-222

动作 2：E 方向，转三七步为左弓步，右手正冲拳（如图 3-223）。

图 3-223

动作 3：E 方向，左腿腾空前踢，双手抱拳收于腹部，发声（如图 3-224）。E 方向，左脚落地迈出左弓步，左手中格挡（如图 3-225）。

图 3-224

图 3-225

E 方向，左脚弓步不变，接左右冲拳，先右后左（如图 3-226）。

图 3-226

动作 4：E方向，右脚上步迈出右弓步，右手正冲拳（如图 3-227）。

动作 5：F方向，左脚按逆时针方向旋转 90°，迈出右弓步，上半身朝A方向，右手向外上格挡，拳心向太阳穴方向，左手下格挡至左腿正上方两拳距离位置，即半山势防御，目光注视F方向（如图 3-228）。

图 3-227

图 3-228

动作 6：F方向，身体按逆时针方向转至面对F方向，右弓步转为左弓步，左手握拳横至胸前高度，右手勾拳缓缓经由腰部从左拳下穿过至下颚高度，拳心向内，左手拉回至右肩上，拳心向面（如图 3-229）。

图 3-229

动作 7：D 方向，左脚后撤至右脚前做交叉步，左手握拳搭右腰，右手握拳搭左肩，目光注视 D 方向（如图 3-230）。D 方向，右脚迈出左弓步，上半身朝 A 方向，左手向外上格挡，拳心向太阳穴方向，右手下格挡至右腿正上方两拳距离位置，即半山势防御，目光注视 D 方向（如图 3-231）。

图 3-230

图 3-231

动作 8：D 方向，身体按顺时针方向转至面对 D 方向，左弓步转为右弓步，右手握拳横至胸前高度，左手勾拳缓缓经由腰部从右拳下穿过至下颚高度，拳心向内，右手拉回至左肩上，拳心向面（如图3-232）。

动作9：E方向，右脚按逆时针方向旋转90°，迈出三七步，三分重心在左腿，七分重心在右腿，左手在前右手在后做双手刀（如图3-233）。

图 3-232

图 3-233

动作10：E方向，三七步转为左弓步，右手正冲拳（如图3-234）。

图 3-234

动作 11：E 方向，右腿前踢，双手抱拳收于腹部（如图 3-235）。E 方向，右腿收回后落在左腿后呈前行步距离，同时左腿后撤一步做右前行步，右手中位单手刀（如图 3-236）。

图 3-235

图 3-236

动作 12：C 方向，左脚上前，脚尖立起迈出虎步，左手在前右手在后双手刀（如图 3-237）。

图 3-237

动作 13：C 方向，左脚前踢，双手抱拳收于腹部（如图 3-238）。C 方向，

左脚落地迈出左弓步，右手正冲拳（如图 3-239）。

图 3-238

图 3-239

动作 14：C 方向，左脚回撤，脚尖立起迈出虎步，左手单手刀（如图 3-240）。

动作 15：G 方向，身体按顺时针方向旋转 180°，右脚脚尖立起迈出虎步，右手在前左手在后双手刀（如图 3-241）。

图 3-240

图 3-241

动作 16：G 方向，右脚前踢，双手抱拳收于腹部（如图 3-242）。G 方向，右脚落地迈出右弓步，左手正冲拳（如图 3-243）。

图 3-242

图 3-243

动作 17：G 方向，右脚回撤，脚尖立起迈出虎步，右手单手刀（如图 3-244）。

图 3-244

动作 18：A 方向，右脚按顺时针方向旋转 90°，迈出三七步，三分重心在

右腿，七分重心在左腿，右手在前左手在后做双拳下格挡（如图 3-245）。

图 3-245

动作 19：A 方向，先左腿后右腿做两段前踢，双手抱拳收于腹部，踢右腿时发声（如图 3-246）。

① ②

③

④

图 3-246

A方向，右脚落地迈出右弓步，右手中格挡（如图 3-247）。

图 3-247

A方向，右脚弓步不变，接左右冲拳，先左后右（如图 3-248）。

图 3-248

动作 20：B方向，左脚按逆时针方向旋转 90°，迈出三七步，三分重心在左腿，七分重心在右腿，左手单手刀（如图 3-249）。

动作 21：B方向，三七步转为左弓步，右手击肘（如图 3-250）。

图 3-249

图 3-250

动作 22：B 方向，弓步步法保持不变，右手背拳（如图 3-251）。

动作 23：B 方向，弓步步法保持不变，左手正冲拳（如图 3-252）。

图 3-251

图 3-252

动作 24：H 方向，身体按顺时针方向旋转 180°，右脚迈出三七步，三分重心在右腿，七分重心在左腿，右手单手刀（如图 3-253）。

动作 25：H 方向，三七步转为右弓步，左手击肘（如图 3-254）。

图 3-253

图 3-254

动作 26：H 方向，弓步步法保持不变，左手背拳（如图 3-255）。

动作 27：H 方向，弓步步法保持不变，右手正冲拳（如图 3-256）。

图 3-255

图 3-256

收势动作：左脚回撤，与右脚平行收回，成并排步，同准备姿势。双掌由丹田抬至心窝，吸气；缓缓握拳落回丹田，呼气。全程共八个拍子（如图 3-257）。

图 3-257

二、太极八章训练注意点

（1）双拳中格挡的前臂肘关节夹角为 90° ～ 120°。

（2）半山势防御准备动作，两臂平行斜搭在胸腹位置，外上格挡手的拳心一定朝面。

（3）勾拳应缓慢而坚韧，做动作时可在内心默数八拍节奏才将完整动作完成。

本章思考题

1. 练习中要求辅助手的快速回拉体现了什么物理原理？

2. 太极二章是如何体现内柔外刚的？

3. 三七步与弓步之间的相互变换时，脚分别如何动？

4. 为什么会有"燕子手刀"这个名字？

5. 掌肘对击这一动作在进行过程中模拟的是哪一种进攻方式？

6. 品势中，双手交叉于胸前的动作有什么含义？

7. 敬拳蕴含着跆拳道精神的哪一项？

8. 半山势防御的缓急体现了太极中的什么原理？

第四章　竞技跆拳道初级

竞技跆拳道就是按照一定的规则，双方练习者通过使用各种跆拳道技术以战胜对方为目的的一种竞赛活动。它要求练习者使用的动作要实用、有效，只有这样才能在激烈对抗的比赛中战胜对手。

竞技跆拳道的技术特点包括四方面。第一，讲究实效性，以腿法为主，拳脚并用。跆拳道是以腿法攻击为主的一项搏击运动。据统计，在跆拳道技术中，腿法约占总技法的 70%。腿击无论在攻击范围、攻击力量等方面都远远超过拳法的攻击，而拳法的招式一般偏重于防守和格挡。第二，快、狠、准。跆拳道动作追求速度、力量和效果，以击破为测试功力的手段。跆拳道不讲究花架子，所有动作都以技击格斗为核心，要求速度快、力量大、击打效果好。在功力的检测方面，则以击破力为测试手段，就是分别以拳脚击碎木板等，以击碎的厚度来判定功力。第三，强调呼吸，发声扬威。在跆拳道练习当中，要求在气势上给人以威严的感觉，练习者常以洪亮并带有威慑力的声音来显示自己的威力。据日本有关研究资料证明，人在无负荷工作时，10%的肌肉会由于发声使收缩速度提高 9%，在有负荷工作时更是可以提高 14%。这就是为什么在比赛当中运动员会发出响亮的喊叫声的原因。在发声的同时停止呼吸，可以使人体内部的阻力减小，提高动作速度，集中精力，使动作发挥出更大的威力。第四，以刚制刚，方法简练。受跆拳道精神影响，运动员在比赛中多是直击直打、接触防守，躲闪技术运用得比较少。进攻都采用直线连续进攻，以连贯快速的脚法组合击打对手。防守多采用格挡技术，或采取以攻对攻、以攻代防的技术。

第一节　竞技跆拳道基本技术

一、实战姿势

跆拳道中实战姿势的是跆拳道运动员最基本的学习内容，在练习跆拳道的初期，教练会带领学生练习实战式站姿，为实战姿势打下基础，让学生灵活地运用在比赛中。

（一）标准实战姿势

左脚在前叫左势，右脚在前叫右势。

动作方法：两脚前后开立与肩同宽，前脚尖 45°斜向右前方，后脚跟抬起，膝关节微弯曲，重心在两脚之间。上身自然直立，45°斜向右前方，双手握拳，拳心相对。两臂弯曲置于胸前。头部直立向前，目视正前方（如图 4-1）。

图 4-1

动作要领：身体自然，肌肉放松。膝关节松而不懈，富有弹性。心无杂念，以无意为有意。

易犯错误：全身紧张，肌肉僵硬。重心偏前或偏后，不利于启动。膝关节不弯曲，缺乏弹性。

（二）侧向实战姿势

身体完全侧向，前后脚在一条直线上，其他部位同标准实战姿势。

（三）低位实战姿势

身体姿势同标准实战姿势，只是双膝弯曲加大，重心降低。这种姿势重心低，不易失去重心，但移动相对较慢。

（四）开势和闭势站位

开势站位指和对方体前有相应的站位，即自己的身体前面相对对方的身体前面，包括左势对右势和右势对左势两种形式。闭势站位指和对方的体前侧不相对应的站位，即自己的体前对应对方的体后，包括左势对左势和右势对右势两种站位形式。

二、跆拳道的基本步法

跆拳道的基本步法分为前进步、后退步、侧移步、弧形步、跳换步、垫步及冲刺步。跆拳道的步法在实战中具有极其重要的意义。首先，步法是连接技术动作的关键环节。跆拳道实战中，不论是进攻、防守，还是反击动作，绝大多数是在运动中完成的，因此需要用灵活、快速、敏捷、多变的步法连接技术，以保证后面技术动作的完成和发挥，否则就会处于被动挨打的地位。其次，通过灵活多变的步法移动，使对方的进攻或防守落空，同时自己抢占有利的攻击或防守位置，可以为反击创造条件。再次，灵活多变的步法可以保持身体姿势的平衡，因为身体只有在相对平衡的状态下，才能更有力、更有效地攻击对方，达到攻击目的。跆拳道的实战是在运动中进行的，没有正确、灵活、多变的步法，就难以取得胜利。最后，灵活机智地运用多种步法，可以给对方造成心理压力，使对方产生无所适从的感觉，为战胜对方创造条件。

（一）前进步

前进步包括前滑步、上步和前跃步。

（1）前滑步：实战姿势站立，右脚蹬地，左脚向前上半步，落地时左脚掌先着地，而后右脚再向前跟进半步。

动作要领：移动时，两脚距离保持不变，两脚离地不要太高，进步要稳，跟步要快。

实战作用：调整与对手之间的距离。

（2）上步：实战姿势站立，以左脚掌为轴。脚尖外转，右脚蹬地向前上步，呈实战姿势站立。

动作要领：动作要协调，要有整体性，上步要快。

实战作用：调整距离伺机进攻，假动作引诱对方或追击对方。

（3）前跃步：实战姿势站立，两脚同时蹬地向前纵130～140厘米，动作完成后保持实战姿势站立。

动作要领：要依靠两脚踝关节与膝关节的力量弹跳纵出，双脚要紧贴地面，不要腾空过高；动作启动时，重心不宜过低，否则容易暴露动作意图。

实战作用：用于接近对手或配合技术进攻。

（二）后退步

后退步包括后滑步、后跃步和撤步。

（1）后滑步：实战姿势站立，左脚蹬地，右脚先后退半步，落地时右脚掌先着地，随之左脚向后跟半步，落地后保持实战姿势不变。

动作要领：右脚退步距离不宜过大，右脚退多少距离，左脚要跟着退多少距离，要借助蹬地的反作用力加快移动速度。

实战作用：躲闪对方进攻或配合技术反击。

（2）后跃步：实战姿势站立，两脚同时蹬地向后跃出30～40厘米，动作完成后呈实战姿势站立。

动作要领：右脚退步距离不宜过大，右脚退多少距离，左脚要跟多少距离，要借助蹬地的反作用力加快移动速度。

实战作用：用于躲闪对方的进攻或配合技术反击。

（3）撤步：实战姿势站立，以右脚为轴内转，左脚向后撤步，呈右实战姿势站立。

动作要领：动作要协调一致，撤步要快。

实战作用：用于躲闪对方的进攻或配合技术反击。

（三）侧移步

向左移动时称为左侧移步，向右移动时称为右侧移步。

（1）左侧移步：实战姿势站立，右脚踏地，左脚向左侧上步，右脚随之跟上，使身体重心向左移动离开原来的位置。

（2）右侧移步：实战姿势站立，左脚蹬地，右脚向右侧方上步，左脚随之跟上，使身体重心向右移动离开原来的位置。

动作要领：身体要放松，移动时要有弹性，速度要快。

实战作用：用于躲闪对方的进攻或躲闪后反击。

（四）弧形步

向左跨步时称为左弧形步，向右跨步时称为右弧形步。

（1）左弧形步：实战姿势站立，以左脚为轴，右脚蹬地向左侧跨步，身体随之左转。

（2）右弧形步：实战姿势站立，以左脚为轴，右脚蹬地向右侧跨步，身体随之右转。

动作要领：整个动作要协调一致。

实战作用：用于躲闪对方进攻及躲闪后反击。

（五）跳换步

动作方法：实战姿势站立，左右脚同时离地，以腰部力量带动双腿相互交换，落地后仍呈实战姿势站立。

动作要领：换步要灵活，弹跳不宜太高。

实战作用：调整实战姿势。

（六）垫步

（1）前垫步：实战姿势站立，重心后移，右脚向左脚内侧并拢，同时左脚蹬地向前迈步。

动作要领：右脚向前上步要迅速，不等右脚落地左脚就向前移动，移动的距离不要过大，整个动作要协调连贯。

实战作用：用于快速接近对手、连接横踢、下劈踢、侧踢等技术进攻对手。

（2）后垫步：实战姿势站立，左脚向右脚方向并拢，同时右脚蹬地向后移动，两脚落地呈实战姿势。

动作要领：左脚撤步要迅速，整个动作协调连贯。

实战作用：用于拉开与对手之间的距离、用于连接横踢、下劈踢等技术反击。

（七）冲刺步

动作方法：实战姿势站立，右脚向前上步成左实战姿势，紧接着左脚向前上步回到原来的位置。

动作要领：两腿动作要迅速，频率要快，如冲刺跑一般，移动时步幅不宜过大。

实战作用：迅速接近对手，连接横踢、双飞踢等技术进攻。

三、竞技跆拳道拳法

冲拳是跆拳道比赛中最常见的动作。在传统竞技跆拳道比赛中，主要是用来防守及配合出腿的进攻；一般出拳的力度值标准较高，只有达到力度标准裁判才会给予分数。虽然冲拳不作为得分的主要技术，但是在比赛后程，运动员在双方距离较近时常用，此技术便于起腿或进攻及反击。

动作方法：右势实战姿势准备，前手格挡后手防头，右脚蹬地带腰，右手快速抬起肘关节，顺势转手腕将拳锋对准击打目标点。击打目标点后手臂迅速放松，借助支撑的脚顺势将手臂快速收回，还原成实战姿势（如图4-2）。

图4-2

动作要领：拳击打瞬间手腕要绷紧，拳头要握紧，同时吸气便于出拳的力度增大。

易犯错误：冲拳时手腕未收紧，拳锋未对准击打目标，蹬地时未带腰导致出拳无力而失分。

训练方法：

（1）单冲拳：两人一组护具穿戴好紧贴对方，进攻者出拳，反击者实战式站立，出拳后双方再次紧贴。

（2）冲拳＋横踢：两人一组护具穿戴好紧贴对方，进攻者出拳后撤，迅速起右脚横踢击打对方腹部，顺势紧贴对方；反击者实战式站立，做好防守横踢格挡动作。

（3）冲拳＋高位内摆腿：两人一组护具穿戴好紧贴对方，进攻者出拳后撤，迅速起右脚高位内摆腿击打头部顺势紧贴对方；反击者实战式站立，做好防守高位内摆腿格挡动作。

四、跆拳道竞技常用腿法

跆拳道是以腿法为主导，腿法技术在比赛中得分比重最高，因为腿的长度在人体中最长，力量最大。腿的技法可高可低、可近可远、可左可右、可直可曲、可转可旋，其动作百变、威力极大，是跆拳道比赛时得分和制敌的有效方法。

跆拳道竞技比赛中较为常见的腿法有前踢、横踢、下劈、侧踢、高横踢、双飞踢、侧摆踢、后踢、后旋踢、旋风踢，其中有些腿法建立在横踢的基础上，比如双飞踢、高横踢、旋风踢。

（一）前踢

前踢是跆拳道最基本的腿法之一。前踢技术在跆拳道比赛中很少运用，主要运用于自卫或跆拳道基础练习中。

动作方法：左脚在前右脚在后实战式准备姿势。右脚向后蹬地，身体重心前移至左脚；右脚蹬地顺势屈膝提起，左脚以前脚掌为轴外旋约90°，同时右腿迅速以膝关节为轴伸膝、送髋、顶髋，小腿快速向前踢出，力达脚尖或前脚掌。踢击目标后右腿迅速放松弹回，落回顺势站为右势实战姿势（如图4-3）。

图 4-3

动作要领：膝关节上提时大小腿折叠，膝关节夹紧，小腿和踝关节放松，有弹性；踢击时顺势往前送髋，高踢时往上送髋。

易犯错误：直腿上撩，大小腿没有折叠，膝关节不夹紧；上体后仰过大，失去平衡；踢击目标时向前用力，与推踢动作混淆。

训练方法：

（1）原地提膝练习：手扶固定物作为支撑点提膝。左脚在前右脚在后实战式准备姿势，右腿提膝时支撑脚配合转动90°，大小腿夹紧同时脚背绷直，完成动作后还原成左脚在前右脚在后实战式准备姿势。

（2）原地提膝+踢腿练习：准备姿势同原地提膝练习，提膝后加一个踢腿动作；动作顺序分别为提膝转支撑脚、踢腿脚背绷直、落地还原成准备姿势。

（3）行进间连续前踢练习：左脚在前右脚在后的实战式准备姿势，提膝踢腿动作连贯，踢腿后落地后脚接上提膝踢腿动作；行进间连续踢腿。

（二）横踢

横踢是在跆拳道训练最早接触的得分腿法，是比赛中最常用的动作之一。横踢是跆拳道比赛的主要得分腿法，也是得分率最高的技术之一。

动作方法：右势实战式准备姿势，重心偏向支撑脚，提膝同时将支撑脚转动180°，后脚跟对准目标方向后迅速翻髋，大小腿折叠，膝盖方向对准击打目标点，快速摆动小腿至击打点。击打后快速收回落下，呈左势实战动作，借助支撑脚力量向正后方滑步，呈左势实战式准备姿势（如图4-4）。

图 4-4

动作要领：横踢动作在起腿时注意两大腿内侧的距离尽量要小，提膝与转髋动作同时进行，尽量直线出腿，控制好重心，出腿后躯干及胯随出腿方向转动；小腿弹出后脚背绷直脚踝放松，要有制动的过程，使脚面有一个鞭打的动作。

易犯错误：提膝时支撑脚未转动，导致横踢击打距离不够远；翻髋时膝盖未对准击打目标导致出腿的高度不够；提膝翻髋时大小腿未夹紧，导致击打力度不够；出腿踢击时脚背未绷直，导致击打接触面不对而未击中目标。

训练方法：

（1）单腿横踢：两人一组面对面闭势站立，其中一人手持脚靶，进攻者呈右势实战式准备，持脚靶者右手持脚靶与进攻者对立，连续踢击脚靶。

（2）左右脚横踢：两人一组面对面闭势站立，其中一人手持脚靶，进攻者呈右势实战式准备，持脚靶者右手持脚靶与进攻者对立，进攻者出右腿踢击脚靶后迅速换左腿踢击脚靶，持脚靶者应顺着进攻者的出腿速度轮换喂靶，使进攻者能连续不断地踢击脚靶，提高出腿的速度。

（3）后划步反击横踢：两人一组面对面闭势站立，其中一人手持脚靶，持脚靶者为进攻者上步喂靶给反击者，反击者后滑步起后脚横踢击打目标脚靶，进攻者连续喂靶提高练习者的反应能力。

（三）下劈

下劈腿也称劈腿，下劈腿与武术中正踢腿相似，区别在于下劈腿需在转髋后身体上提，出腿后大小腿也有一定的弯曲，它是击打身体躯干以上部位

（头部）得分的腿法，对练习者的柔韧要求极高，在跆拳道比赛中是进攻与反击的主要技术。

动作方法：右势实战式准备，重心偏向支撑脚，提膝，支撑脚转动180°左右，同时向左上方转髋，将右腿膝盖贴紧胸口位置，顺势向上摆动小腿，脚面绷直，利用脚掌或脚后跟下砸对方的头部，迅速收腿落地，重心向前移动成左势实战式准备姿势（如图4-5）。

图 4-5

动作要领：下劈时身体重心应向前移，提膝时支撑脚转动180°左右，大小腿夹紧，膝盖与胸口贴紧，快速摆动小腿下砸击打目标。

易犯错误：练习者出腿高度不够，支撑脚没有随出腿方向转动，下砸时没有控制好重心，导致上体后仰使下劈力量不足。

训练方法：

（1）单脚下劈：两人一组面对面站立，其中一人两脚开立手持脚靶，进攻者右势实战式准备，两人配合练习，进攻者下劈后还原成右势实战式准备姿势继续重复练习。

（2）行进间左右下劈：两人一组面对面闭势站立，其中一人单手持脚靶，进攻者连续向前起腿下劈练习，反击者则配合进攻者连续后退步喂靶。

（3）反击下劈：两人一组面对面闭势站立，其中一人单手持脚靶，进攻者前进步移动喂靶，反击者快速反应向后滑步提后腿下劈。

（四）侧踢

侧踢腿与散打运动中的侧踹动作相似，主要攻击对方两肋部和胸腹部。侧踢腿在跆拳道比赛中主要是用来阻挡对方进攻的动作，不作为主要得分的技术。在训练中主要配合得分腿法练习，一般配合横踢腿运用的比较多，阻挡对方进攻后快速反击横踢得分。

动作方法：右势实战式准备，将重心移向支撑脚，直线提起右脚，同时快速转动支撑脚，身体侧对对方，大小腿收紧，膝盖与髋平齐，勾脚背送髋直线蹬出，以脚掌外侧蹬准目标（如图4-6）。蹬中目标后快速呈实战式姿势。

图 4-6

动作要领：侧踢时支撑脚一定要配合蹬出腿向前移动。

易犯错误：击打目标时没有转髋，导致击打力度不足；大小腿未夹紧，折叠不够，出腿速度慢。

训练方法：

（1）原地侧踢：实战式姿势站立，重复提膝，做侧踢动作练习。

（2）防守侧踢：两人一组配合攻防练习，一人进攻侧踢，一人持方靶做防守练习。

（3）侧踢+横踢：两人一组配合练习，一人持方靶防守，进攻者侧踢收回后快速接横踢。

（五）高横踢

高横踢又称前横踢，是跆拳道比赛中较为常用的动作之一，它与下劈动作都是得分的主要技术。高横踢不但动作漂亮，而且是实战进攻中经常被使用的动作。此动作对柔韧的竖叉的要求极高，练习者必须做到动作娴熟、快速出腿。

动作方法：右势实战式准备，重心移至左脚，提膝转支撑脚，髋部稍向右提起，控制好重心，上体向后仰，脚背绷直快速鞭打出小腿后迅速收回，落地还原成准备姿势（如图4-7）。

图4-7

动作要领：高横踢与横踢动作要领相类似，只是击打的高度不同，高横踢起腿时两大腿内侧的距离不能太大，提膝高度要高，转髋时膝盖对准击打目标，支撑脚积极配合髋部转动。同时稍踮起脚尖，后脚跟对准出腿方向，身体上肢稍向后倾斜，目视击打目标点，直线出腿控制重心，小腿弹出后脚背绷直，做到快速鞭打。

易犯错误：提膝时没有直线向击打目标提膝；上体未向后倾斜，导致出腿的距离不够；转髋时大小腿未折叠，导致击打力度不足；击打目标时脚背未绷直，小腿弹出后接触面积不大。

训练方法：

（1）原地高横踢：两人一组实战式站立，反击者手持脚靶，高度与头部平齐，进攻者与反击者保持实战式安全距离，起腿击打脚靶，快速收回，重复此动作。

（2）行进间单脚高横踢：两人一组面对面实战式站立，进攻者单脚连续高横踢，支撑脚配合击打腿向前移动，反击者滑步移动后退配合练习。

（3）行进间左右高横踢：两人一组面对面实战式站立，反击者手持脚靶后退步，左右交换喂靶，进攻者左右交换，高位横踢连击脚靶循环练习。

（六）双飞踢

双飞踢（跆拳道训练中简称双飞）是跆拳道比赛中较为常见的动作之一，也是得分的主要技术，在比赛中可以造成对方错以为出横踢腿而没有做二次格挡的动作导致失分。

动作方法：实战式准备，身体重心移至后脚，后脚提膝起横踢顺势转髋，在前脚未落地瞬间再将后腿起横踢，相当于连续使用两个横踢完成双飞踢动作。击打后两脚自然落下，还原成实战式准备姿势。双飞踢主要进攻对方的胸腹部、两肋部和面部（如图 4-8）。

图 4-8

动作要领：两人之间应保持中远距离，控制好距离是找到合适出腿机会和破坏对方进攻的前提；第一次踢腿时身体可后倾以便于转髋起第二次横踢，转髋时应快速扭转；第二次横踢弹直瞬间要有一个制动的过程，做到快速鞭打的效果。

易犯错误：横踢时没有完全做出动作，只做两次前踢动作；两腿之间交换胯部未做到快速扭转，身体未做到稍后倾动作。

训练方法：

（1）原地快速转髋：双脚呈实战式站姿，原地左右快速转动髋部。

（2）原地腾空双飞踢：横踢控腿，重心站稳，迅速将支撑脚换为横踢腿，交换练习。

（3）行进间双飞踢：两人一组，反击者手持脚靶（持靶时与左右横踢腿脚靶相似，后腿部喂靶），进攻者连续不断交换横踢，做到交换踢腿时有腾空滞空动作。

（七）侧摆踢

侧摆踢又称为勾踢，主要是前腿击打，是跆拳道比赛中对腿法动作比较熟悉的情况下使用前腿侧踢后收小腿，利用脚后跟摆踢对方头部的动作，一般在比赛中不常用，此动作对练习者的柔韧性要求较高，对腿部力量要求极高。

动作方法：实战式准备姿势，重心移至后脚，以支撑脚脚掌为轴向目标点转动180°，身体稍后仰，同时迅速提起大腿向目标点伸直，屈膝，小腿快速摆动全脚掌击打目标点，击打后快速落地呈实战式姿势（如图4-9）。

图4-9

动作要领：身体转动时身体配合向后仰，同时目光注视击打位置；屈膝收腿时应做到由内向外摆动，快速鞭打；踢腿时小腿自然放松，支撑脚应配合身体重心移动。

易犯错误：身体转动时支撑脚为配合转动导致重心不稳；进攻腿伸直后未做到快速屈膝，导致击打力度不足；进攻腿收回时，没有做到由外向内摆动。

训练方法：

（1）扶固定物伸腿练习：手扶固定物提膝转支撑脚，感受蹬腿动作。

（2）练习击打目标物：手扶固定物伸腿收小腿接触目标点。

（3）原地练习侧摆踢：防守者手持脚靶与进攻者保持实战式距离，进攻者提膝击打脚靶。

（八）后踢

后踢是跆拳道比赛中最常用的腿法之一，也是反击的主要技术动作，主要进攻对方的胸腹部、头部和两肋部。后踢的基本动作必须娴熟结合步伐练习，才更能在比赛中快速得分。

动作方法：实战式准备姿势站立，左脚在前右脚在后，以左脚为轴身体向右后方转动，同时重心移至左脚，提膝，大小腿夹紧，脚尖勾起，头部向右后方转动，余光侧视击打目标，迅速摆动大腿踢击目标点；击打后右脚落下，呈左势实战式，然后右脚后撤还原成实战式左脚在前右脚在后的准备姿势（如图4-10）。

图 4-10

动作要领：身体转动时快速提膝，目视目标点，看准目标方向踢击；支撑脚配合髋部转动，身体转动时支撑脚必须站稳以免重心不稳，造成起腿动作不连贯；动作熟练时转身与后蹬动作应同时进行，动作连贯能快速踢击目标点。

易犯错误：身体转动时，头部及髋未配合转动导致动作不连贯；提膝时左右脚未摩擦起腿，导致出腿方向不对；出腿时未做到快速蹬摆，导致出腿无

力不能得分。

训练方法：

（1）转身练习：两人一组面对面转身双手击掌练习。

（2）提膝蹬腿练习：手扶固定物提膝蹬腿练习。

（3）转身蹬腿连贯练习：连贯动作练习后尝试踢击目标物。

（九）后旋踢

后旋踢又称转身勾踢，是跆拳道 12 个基本动作中难度较大的腿法，也是跆拳道比赛中常用的动作之一，是反击的主要技术。此腿法动作较大，易暴露，易受到正踢、前踢、正蹬等腿法的反击。

动作方法：实战式左脚在前右脚在后准备姿势站立，以左脚尖为轴，左脚跟外旋，重心移至左腿；身体向后方转动，同时提起右大腿向左后方 40°左右蹬直，头部向右后方转动，目视击打部位；身体顺势旋转，右腿向后划一个半圆形的水平弧线，快速屈膝收小腿，用脚掌击打对方头部；击打后，重心不变右脚自然落下，还原成实战式准备姿势（如图 4-11）。

图 4-11

动作要领：身体向右后方向转动的同时要快速转髋，顺势提起右腿；身体转动时，头部配合同向转动，用余光注视目标点；小腿全程自然放松，在快接触到目标点时快速收小腿，用脚掌呈水平弧线鞭打；未完成整个后旋踢动作，支撑脚应积极配合髋部的转动。

易犯错误：身体向右后方向转动时，提起右腿的速度过慢；身体转动时，头部没有配合同向转动，导致目标点不明确；小腿全程绷紧，没有做到后程力量的释放；支撑脚没有积极配合髋部的转动，全脚掌原地不动站立；踢击腿鞭打对方头部后，身体没有继续旋转，踢击腿直接斜下方向落地，没有做到水平弧线鞭打，造成旋转过早而重心不稳。

训练方法：

（1）原地转动法：支撑脚前脚掌着地转动，转身同时头部配合转动，余光注视目标点。

（2）原地摆动踢击腿：扶固定物踢击腿向后摆动练习。

（3）完整后旋踢动作练习：身体原地转动360°，右脚开始摆动时不要求高度，熟练后再逐渐升高摆动高度。

（4）行进间后旋踢练习：用脚靶进行后旋踢固定靶和反应靶的练习。

（十）旋风踢

旋风踢是跆拳道运动中观赏性最强的技术之一。比赛中常见的是中位旋风踢，主要通过击中对手躯干正面被护具包裹的部分而得分。旋风踢动作难度较高，或许在一整天的比赛中才能出现一次。旋风踢99%会以进攻追击的形式出现在比赛中。

动作方法：右脚在前的实战式准备，以右脚为轴，左脚往左后方转身360°（一圈），落成左脚在前的实战式。此时右脚在后，右脚横踢，落地在前方，恢复成右脚在前的实战式（如图4-12）。

①

②

③

④

图 4-12

动作要领：攻方上步转体动作要迅速果断，左脚内扣落地时脚跟对敌；右脚随身体转向后右侧摆起时不要太高，以能带动身体旋转起跳为宜；左脚蹬地起跳，身体腾空，但不过膝，目的是快速旋转出腿；右脚横踢时，左脚向下落地，要快落站稳，即横踢目标的同时左脚落地。

易犯错误：左脚上步内扣落地角度过大，使后面的动作改变方向；上步、转体、摆腿及起跳动作不连贯，动作幅度过大；右脚横踢没有利用转提轻跳的顺势力量，打击力度不够大。

训练方法：

（1）转身动作练习：右脚在前的实战式准备姿势，以右脚为轴，左脚往左后方转身360°（一圈）落成左脚在前的实战式，此时右脚在后。右脚上步，还原到右脚在前的实战式准备姿势重复练习。练习旋风腿初期要多花时间在转身动作的练习上，习惯转身，控制住重心，使身体在转身360°以后能迅速站稳不倒。

（2）转身+横踢练习：右脚在前的实战式准备姿势，以右脚为轴，左脚往左后方转身360°（一圈）落成左脚在前的实战式，此时右脚在后；右脚迅速接上横踢动作，完成两个动作后迅速上步成右脚在前左脚在后的实战式准备姿势。转身练习建议先练习右脚，将转身+横踢反复练习，动作熟练后慢慢加快转身速度和踢腿速度，待动作熟练后方可练习左脚。

（3）连贯动作练习：经过前两个动作的连接练习，右脚在前的实战式准备，以右脚为轴，左脚往左后方转身360°（一圈），此时在左脚未落地的瞬间将右脚迅速提膝做出横踢动作，完成动作后落地还原成右脚在前左脚在后的实战式准备姿势。转身动作要连贯，落地瞬间踢腿要连贯。

五、跆拳道常用组合腿法

（一）第一组

（1）进攻＋进攻：横踢＋横踢、左前横踢＋右高横踢。

（2）进攻＋防守：横踢＋后踢、左横踢＋右后旋踢。

（3）防守＋进攻：左后踢＋右横踢、左劈腿＋右横踢。

（4）进攻＋防守＋进攻：右横踢＋左后踢＋右横踢、右横踢＋右劈腿＋左横踢。

（5）进攻＋进攻＋防守：右横踢＋左高横踢＋右后踢、左横踢＋左劈腿＋右后踢。

（二）第二组

（1）进攻＋进攻：左劈腿＋右横踢、左右双飞＋右横踢。

（2）进攻＋防守：右横踢＋左劈腿、右劈腿＋左后踢。

（3）防守＋进攻：左后旋踢＋右横踢、右侧踢＋左横踢。

（4）进攻＋防守＋进攻：右横踢＋左后旋踢＋左横踢、左横踢＋左侧踢＋右横踢。

（5）进攻＋进攻＋防守：右横踢＋左横踢＋右后踢、右横踢＋左右双飞＋左后踢。

（三）第三组

（1）进攻＋进攻：左右双飞＋左右双飞、左右双飞＋右劈腿。

（2）进攻＋防守：右劈腿＋左后旋踢、左右双飞＋左后踢。

（3）防守＋进攻：左后踢＋右劈腿、左劈腿＋右劈腿。

（4）进攻＋防守＋进攻：左前横踢＋右后踢＋左横踢、左前横踢＋右劈腿＋左横踢。

（5）进攻＋进攻＋防守：左前横踢＋右横踢＋右后踢、左前横踢＋右高横踢＋左后踢。

（四）第四组

（1）进攻＋进攻：右前横踢＋右前横踢、左前横踢＋右劈腿。

（2）进攻＋防守：左右双飞＋左后旋、左右双飞＋左劈腿。

（3）防守＋进攻：左后旋踢＋左劈腿、左侧踢＋右劈腿。

（4）进攻＋防守＋进攻：右前横踢＋左后旋踢＋左横踢、右前横踢＋右侧踢＋左横踢。

（5）进攻＋进攻＋防守：右前横踢＋右劈腿＋左后踢、右前横踢＋左右双飞＋左后踢。

（五）第五组

（1）进攻＋进攻：右前横踢＋右前横踢、左前横踢＋右劈腿。

（2）进攻＋防守：左前横踢＋右后踢、左前横踢＋右后旋踢。

（3）防守＋进攻：右后踢＋左右双飞、右劈腿＋左右双飞。

（4）进攻＋防守＋进攻：左右双飞＋左后踢＋右横踢、左右双飞＋右劈腿＋左横踢。

（5）进攻＋进攻＋防守：左右双飞＋左横踢＋右后踢、左右双飞＋左高横踢＋右后踢。

（六）第六组

（1）进攻＋进攻：右前横踢＋左右双飞、右劈腿＋左右双飞。

（2）进攻＋防守：左前横踢＋右劈腿、右横踢＋右侧踢。

（3）防守＋进攻：左后旋踢＋左右双飞、右侧踢＋左右双飞。

（4）进攻＋防守＋进攻：左右双飞＋左后旋踢＋左横踢、左劈腿＋右后踢＋左横踢。

（5）进攻＋进攻＋防守：左右双飞＋右劈腿＋左后踢、左右双飞＋左右双飞＋左后踢。

（七）第七组

（1）进攻＋进攻：左横踢＋左右双飞、左横踢＋右劈腿。

（2）进攻＋防守：右劈腿＋左劈腿、右劈腿＋右侧踢。

（3）防守＋进攻：左后踢＋左前横踢、右劈腿＋右前横踢。

（4）进攻＋防守＋进攻：右劈腿＋左劈腿＋右横踢、右劈腿＋左后旋踢＋右横踢。

（5）进攻＋进攻＋防守：右劈腿＋左横踢＋右后踢、右劈腿＋左高横踢＋右后踢。

（八）第八组

（1）进攻+进攻：左劈腿+右高横踢、左右双飞+右高横踢。

（2）进攻+防守：左右双飞+右侧踢、左前横踢+左侧踢。

（3）进攻+防守+进攻：右劈腿+右侧踢+左横踢、左横踢+右后踢+右劈腿、右横踢+左劈腿+右劈腿。

（4）进攻+进攻+防守：右劈腿+左劈腿+右后踢、右劈腿+左右双飞+左后踢、右横踢+左横踢+右后旋踢。

（九）第九组

（1）防守+进攻：右后踢+左右双飞、右劈腿+左右双飞。

（2）进攻+防守+进攻：左横踢+右后旋踢+左劈腿、左横踢+左侧踢+右劈腿、左前横踢+右后踢+左劈腿、左前横踢+右劈腿+左劈腿。

（3）进攻+进攻+防守：左横踢+右劈腿+左后旋踢、右横踢+左右双飞+左后旋踢、左前横踢+右横踢+左后旋踢、右前横踢+左高横踢+右后旋踢。

（十）第十组

（1）防守+进攻：右后旋踢+左右双飞、右侧踢+左右双飞。

（2）进攻+防守+进攻：左前横踢+右后旋踢+左劈腿、左前横踢+左侧踢+右劈腿、左右双飞+左后踢+右劈腿、左右双飞+右劈腿+左劈腿。

（3）进攻+进攻+防守：左前横踢+左劈腿+右后旋踢、左前横踢+左右双飞+左后旋踢、左右双飞+左高横踢+右后旋踢、左右双飞+左高横踢+右后旋踢。

（十一）第十一组

（1）进攻+防守+进攻：左右双飞+左后旋踢+右劈腿、左右双飞+左侧踢+右劈腿、左劈腿+右后踢+左劈腿、劈腿+劈腿+劈腿、左劈腿+右后旋踢+左劈腿。

（2）进攻+进攻+防守：左右双飞+右劈腿+左后旋踢、左右双飞+左右双飞+左后旋踢、左劈腿+右横踢+左后旋踢、右劈腿+左高横踢+右后旋踢、左劈腿+右劈腿+左后旋踢。

（十二）第十二组

（1）进攻+防守+进攻：右劈腿+右侧踢+左劈腿、左横踢+右劈腿+左右双飞、右横踢+左后旋踢+左右双飞、右横踢+右侧踢+左右双飞、左前横踢+

右后踢+左右双飞。

（2）进攻+进攻+防守：右劈腿+左右双飞+左后旋踢、右横踢+左横踢+右劈腿、左横踢+右高横踢+右劈腿、右横踢+左劈腿+右劈腿、左横踢+左右双飞+右劈腿。

（十三）第十三组

（1）进攻+防守+进攻：左前横踢+左劈腿+左右双飞、右前横踢+左后旋踢+左右双飞、左右双飞+左后旋踢+左右双飞、左右双飞+左侧踢+左右双飞、左劈腿+右后踢+左右双飞。

（2）进攻+进攻+防守：右前横踢+左横踢+左劈腿、左前横踢+右高横踢+右劈腿、左前横踢+右劈腿+左劈腿、左右双飞+左右双飞+右劈腿、左劈腿+右横踢+左劈腿。

（十四）第十四组

（1）进攻+防守+进攻：左劈腿+右劈腿+左右双飞、左劈腿+右后旋踢+左右双飞、右劈腿+右侧踢+左右双飞、左横踢+右后踢+右前横踢、右横踢+左劈腿+左前横踢。

（2）进攻+进攻+防守：右劈腿+左高横踢+右劈腿、劈腿+劈腿+劈腿、左劈腿+左右双飞+左劈腿、左横踢+左前横踢+右后踢、右高横踢+右前横踢+左后踢。

（十五）第十五组

（1）进攻+防守+进攻：右横踢+左后旋踢+左前横踢、左横踢+左侧踢+左前横踢、右前横踢+左后踢+左前横踢、右前横踢+右劈腿+右前横踢、右前横踢+左后旋踢+右前横踢。

（2）进攻+进攻+防守：左劈腿+左前横踢+右后踢、左横踢+左前横踢+右后旋踢、右前横踢+右前横踢+左后旋踢、左高横踢+左前横踢+右后旋踢、左右双飞+右前横踢+左后旋踢。

（十六）第十六组

（1）进攻+防守+进攻：左前横踢+左侧踢+左前横踢、左右双飞+左后踢+左前横踢、左右双飞+左劈腿+左前横踢、左右双飞+左后旋踢+左前横踢、左右双飞+右侧踢+右前横踢。

（2）进攻+进攻+防守：左劈腿+左前横踢+右后旋踢、右横踢+右前横踢+左劈腿、左前横踢+左前横中+右劈腿、右高横踢+右前横踢+左劈腿、左右双飞+右前横踢+左劈腿。

（十七）第十七组

进攻+防守+进攻：左劈腿+右后踢+右前横踢、右劈腿+左劈腿+左前横踢、左劈腿+右后旋踢+右前横踢、右劈腿+右侧踢+右前横踢。

六、跆拳道基本防守法

在跆拳道技术体系中，防守技术是不可缺少的内容，从得分和不失分的角度来看，它与进攻技术同样重要。在跆拳道比赛中，如果得分多而失分更多，则肯定还是输；如果在得分的同时又能很好地防守对方的进攻并能抓住机会反击，获胜的把握就更大一些。因此在进行跆拳道技术训练时，要把防守技术作为一项重要内容来练习。跆拳道的主要防守方法有三种：一是利用闪躲、贴近等方法，通过脚步的移动，使对方的进攻落空；二是利用手臂的格挡阻截对方的进攻；三是以攻对攻，用进攻的方法阻止对方的进攻。

（一）利用闪躲、贴近等方法进行防守

闪躲就是当对手进攻时通过脚步的移动，向左右两侧或向后闪躲，从而使对方的进攻失败。贴近就当对手进攻时快速上步与对手身体靠在一起，使对方因为进攻距离太近无法起腿得分。如果对手的柔韧性极好的话，使用近距离后部里合进攻的技术，可滑步向左侧或右侧至后方进攻，避开对方的下压进攻；如对手前旋踢进攻时，可快速后退一步或立即上前一步，贴紧对手，使其不能击打躯干以上部位得分。在跆拳道比赛中，向后滑步的方法可用在双方都没有开始进攻时，这时两人之间的距离是实战式的安全距离，后退步容易使对方的进攻落空，在后退的同时可使用旋踢、后踢、后旋踢或里合、外摆腿反击对手；采用向左右移动的方法主要是在破坏掉对方进攻的同时，使自己能够在有效的击打范围内快速有效地击打对方而得分；采用贴近的方法主要是在双方距离较近，尤其是在比赛开始时的第一次击打，趁距离较近，对手需要调整身体重心的时机快速起腿进攻得分，或立即上步贴近对手，破坏对手的进攻计划。

（二）利用格挡的方法进行防守

按照防守方向来划分，格挡的方法基本有向上、向（左右）斜下、向（左右）斜上防守三种。一般来说，采用格挡的方法是出于以下原因：一是对方进

攻速度较快，自己来不及使用闪躲、贴近等方法时，下意识地用格挡进行防守；二是已预测到对方使用的技术，使用针对性的格挡是为了迅速做出反击动作，使格挡转化攻防的连接技术，为比赛得分创造条件。不建议防守者把手臂贴放在自身的得分部位上用以减少对手的击打力度和效果。这样做的后果是一旦对方击打力量很大，即使不能得点，由于没有缓冲的余地，很容易造成自己手臂甚至身体内部受伤，而且不利于自己迅速做出反击动作。

1.向上格挡

（1）动作方法：右势准备姿势。左手握拳由下至上，用左前臂上架格挡，或是右手握拳，用右前臂上架格挡，此时手臂上架的同时肘部向内侧移动，即应有一个向上并向外横拔的动作（如图4-13）。一般来说，运动员右势站立时，用左前臂格挡，则有利于后（右腿）的进攻，进攻动作有旋风踢、下压等；若运动员用右前臂格挡，则有利于前腿（左腿）的进攻，进攻动作有前踢、侧踢、下压等。

图4-13

（2）动作要领：抬臂要迅速，前臂弯曲上架，头部尽量后仰，不要与上架的臂在一个垂直面上，以免对方下压力量太大，自己前臂不能有效格挡时，面部不至于被对方打中；如果单纯只是上架，对方就会借力保持身体重心并快速收腿以连接下一个动作，这样对自己非常不利，正确的方法是，向上格挡时手臂要有一个向上并向外横拨的动作，使对方借不到力而不能快速调整好身体重心；快速向上格挡的同时就准备实施反击，要在对手调整好重心或连接下一个动作之前进行反击。

（3）易犯错误：向上格挡的同时没有向外横拨；只是单纯上架，没有立即反击；上架时手臂和头部在一个垂直面上，一旦对方下压力量太大，自己的面部也被对方击中。

（4）实战作用：防守对方的下压进攻。

2. 向（左右）斜下格挡

（1）动作方法：右势准备姿势。左手握拳由上至下，用左前臂句左斜下方格挡，或是右手握拳，用右前臂向右斜下方格挡（如图4-14）。一般来说，用左前臂格挡，则有利于后腿（右腿）的进攻，进攻动作有旋风踢击腹或击头、下压等；若用右前臂格挡，则有利于前腿（左腿）的进攻，进攻动作有前踢、旋风踢、侧踢、下压等。

图 4-14

（2）动作要领：向左（右）斜下格挡时，要有力、短促，格挡幅度要小，格挡后手臂不要再有一个向外撩的动作；在左（右）前臂格挡的同时，身体要有一个向格挡的反方向移动的动作，与对方踢过来腿有一定的距离，否则，如果对方腿击打的力量较大，很容易连同手臂、护具一起被击打；向左（右）斜下格挡的同时，也是自己迅速做出反击动作的最好时机之一；格挡对方的部位是其腿的胫骨以下的部位；在向（左右）斜下格挡的同时，要防止对方借力使用高横踢踢击头动作。

（3）易犯错误：向左（右）斜下格挡时，格挡幅度过大，格挡后手臂还有一个向外撩的动作，使对方有时间调整身体重心；在左（右）前臂格挡的同时，身体没有向格挡的反方向移动，在对方腿击打的力量较大时，连同手臂、护具一起被击打；向左（右）斜下格挡同时，自己没有迅速做出反击动作，错过了得点的时机。

（4）实战作用：防守对方击打腹部的横踢、前踢进攻。

3. 向（左右）斜上格挡

（1）动作方法：右势准备姿势。左手握拳由下至上，用左前臂向左斜上方格挡，或是右手握拳，用右前臂向右斜上方格挡（如图4-15）。一般来说，用左前臂格挡，有利于后腿（右腿）的进攻，进攻动作有横踢击腹或击头、下劈等；若用右前臂格挡，则有利于前腿（左腿）的进攻，进攻动作有前踢、横踢、侧踢、下劈等。

图 4-15

（2）动作要领：向左（右）斜上格挡时，要有力、短促，格挡幅度要小，格挡后手臂不要再有一个向外撩的动作；在左（右）前臂格挡的同时，身体（尤其头部）要有一个向格挡的反方向或向后移动的动作，与对方踢过来的腿保持一定的距离，格挡的前臂不要与头部在一个水平面上，否则如果对方击打的力量较大，很容易连同手臂、头部一起被击打；向左（右）斜上格挡同时，也是自己迅速做出反击动作的较好时机；格挡对方的部位是其腿的胫骨以下部位；在向（左右）斜下格挡的同时，要防止对方借力使用侧踢阻击动作。

（3）易犯错误：向左（右）斜上格挡时，格挡幅度过大，格挡手臂还有一个向外撩的动作，使对方有时间调整身体重心；在左（右）前臂格挡的同时，身体或头部没有向格挡的反方向移动，或头部没有向后移动，在对方腿击打的力量较大时，连同手臂、头部一起被击中；向左（右）斜上格挡同时，自己没有迅速做出反击动作，错过了得点时机。

（4）实战作用：防守对方的击打胸部、头部的前踢、高横踢、后旋踢、双飞击头进攻。

（三）利用进攻动作进行防守

在对手进攻的同时，防守者也使用进攻的动作，即以攻代守。这种防守的方法在当前跆拳道比赛中被广泛使用，原因在于：当对方进攻时，身体重心发生了移动，必然有一个调整身体重心的阶段，防守者抓住此阶段实施进攻动作，会使得进攻者往往无法快速回撤身体而陷于被动或失分。此时防守者的进攻动作属于后发制人的动作，与平常使用的进攻动作在移动方向或身体姿势上有一定的差别。如双方闭势站位，对方使用横踢进攻，自己使用横踢反击，由于对方先动，自己后动，要想自己不失分而又能有效击打对方，就必须向后撤的同时做出横踢动作。又如当对方使用下势进攻时，自己此时使用后旋踢或旋风踢进攻，即使自己能有效击打对方，也容易被对方击打中头部。此时若自己也快速起腿使用下劈则就是很保险的防守，即使劈不中对方，也会有效阻止住对方的进攻。

第二节　跆拳道实战技术要素及战术

一、跆拳道实战决定胜负的六大要素

（1）灵活性：即实战的姿势要灵活，要随实战的具体情况灵活运用和变化身体姿势。

（2）自然的身体姿势：即实战时的姿势要自然放松，这样会消除由紧张或不自然的身体状况带来的动作迟缓、发动不迅速等缺点，因为人在自然状况下进行的活动是更轻松有效的。

（3）敏捷性：实战时要求身体姿势以敏捷、迅速为标准，不论是进攻还是防守，都要动作敏捷、迅速，从而达到进攻或防守的目的。

（4）稳定性：实战时不论是原地动作还是腾空动作，都要以身体重心稳定

为原则，维持身体自然的平衡状况，这样有利于动作的完成。

（5）重心：身体重心的高低和实战者的身体能力及技术水平有关，只要是便于做动作或移动的身体重心都是适宜的。

（6）隐蔽性：隐蔽性和实战效果有着直接的关系，进攻时隐蔽性越好，击中对方的机会就越多。

二、跆拳道战术

跆拳道实战技术的种类按照跆拳道战术的表现形式，可分为以下几种。

（一）直接式进攻战术

直接式进攻战术指充分发挥自己的技术特长，使用确有把握的特长技术直接进攻对方。这种战术要主动创造使用特长技术的条件，得到机会就用特长技术。另外，在处于被动地位时，要暂时退却防守，创造条件，等待时机，一旦机会来临，再用特长技术。这种战术要求自己的动作速度一定要快，要能及时抓住战机，在特长技术的前后形成一整套方法来对付对手的防守与反攻。一般在具备下列条件时是运用这种战术的较好时机：当对方的反应速度、动作速度、位移速度没有自己快时；当对方的攻防动作不够熟练时；当对方的体力不足时；当对方的防守姿势出现空隙时；当与对方的距离能有效使用进攻动作时。

（二）压迫式强攻战术

压迫式强攻也称猛攻，是一种先发制人的主动进攻，是有计划、有准备的战术行动。即在一开始就猛烈进攻，连续使用技术，乘对手还未注意而出其不意、攻其不备，借以扰乱和破坏对方的心理平衡、战术准备和距离感，使对手忙于防守，疲于招架，消耗对手大量体力，在短时间内取得绝对胜利或是掌握场上主动权。

这种战术的优点是直接掌握主动权，迫使对方只能招架，没有反攻的机会。一般使用这种战术是因为了解对手或刚开始接触时就大致判断出对手技术、体力、经验等方面都不占优势，自己有获胜的把握，于是立即采取压迫式的猛攻，以使在短时间内取得绝对胜利。若对手技战术都好而体力差，开始就猛攻，不让其有休息及缓和的机会，使其一直处于被动；若对手经验不足，压迫式的进攻就会使其得不到镇静和思考的时间，会处处被动。

使用这种战术的缺点是会使自己的体力也消耗较快，容易露出破绽，给对手以可乘之机，若对手经验比较丰富则自己容易被对手反攻，或是容易被对手用以逸待劳的战术克制。运用这种战术的较好时机：力量、速度、耐力素质比较好，但技术不如对方时；身体素质好，技术比较全面，但比赛经验不如对方时；对方的近战能力比较差时；对方的耐力及心理素质比较差时。

（三）引诱式进攻战术

当对手动作反应快、防守能力强时，直接进攻很容易被防守反击。经验较丰富的选手常常采用"声东击西""指上打下"的战术，采用左右、前后、上下虚晃的假动作。为了引诱对手"上当"，也可以有意露出破绽，给对方进攻的假象，待其失去平衡时再进攻，目的在于转移、分散对方的注意力，促使对方对自己的虚假动作产生某种反应，而改变正确的防守姿势，然后加以利用。

这种战术是跆拳道比赛中最常用的基本战术之一，也是充分发挥假动作与真动作联合的较好的手段，如要使用后旋踢攻击对方头部，可先用横踢假进攻后立即后撤，等对手追击时则使用后旋踢动作。在跆拳道训练和比赛中，较常采用的引诱式进攻是上下动作结合、左右动作结合、前后动作结合。

一般来说，如果对手体力好，但技术不太全面，方法变化少，战术不灵活，则可以针对对手使用这种战术。在使用引诱进攻时，自己的动作要比对手快，否则不易成功。如对手善于用前横踢，自己则可故意与对方闭势站立，诱使对手使用前横踢，然后借机使用后踢动作反击。

（四）防守式躲闪和反击战术

当对方正面猛烈进攻时，向前、后、左、右方向移动步子，既可以避其锋芒，又可以制造战机。也可乘对方进攻时，在防守的过程中反击对方。主动进攻需要改变原有姿势，身体的一些部位必定会产生防守空隙和薄弱环节，如能在防守的同时或之后立即反击，对方会很难防守。如对方身高腿长占优势，在其使用横踢时，自己用反击动作很难有效，则可主动向前与对手贴在一起后再打近身战术。移动步子时要注意抓住防守反击的时机，更要注意步法的灵活性和身体位移的突变性。当遇到性情急躁、缺乏比赛经验、喜欢猛攻猛打的对手时，可以反击战术为主，主动进攻为辅。以主动进攻掩盖自己反击战术的意图，同时刺激对方，使其更加急躁，为反击创造条件。

（五）克制对方长处的战术

每一个运动员都有自己擅长的技术，有的擅长使用横踢进攻后用后踢反击，有的擅长先用下劈再使用后旋踢阻击。在比赛中要能及时发现对方擅长使用的方法，然后及时调整自己的战术，采用相应的方法，克制对方的技术专长，使其不能正常发挥。对善于打贴身战的对手，可始终与其拉开距离，如用侧踢蹬击等技术；对善于打远距离的对手，可使用躲闪战术与对方贴在一起后再使用技术，或是在第一回合击打后，乘双方距离比较近时打第二回合的近攻；对擅长主动进攻的对手，可采用自己先进攻，迫使对方防守的战术；对擅长防守反击的对手，可引诱对方主动进攻，自己进攻时使用不易被反击的技术；对擅长使用某种技术的对手，如对手擅长使用高横踢击头或是擅长下劈、后踢等，则在比赛中采用相对应的克制技术，使对方擅长的技术发挥不出。

（六）集中打击对方短处的战术

几乎每个运动员都有自己的弱点和短处，有的防守能力差，有的耐力差等。可以通过赛前分析对手以往比赛的录像，或是在对手同其他选手比赛时进行观察。而更重要的是在比赛中进行观察，通过第一局中的多次试探性进攻，对对手的弱点迅速做出判断并及时调整自己的战术手段，集中精力专门攻击对手的弱点。同时，自己也要不断地变换方法，以免对方察觉自己的战术意图后故意引诱自己进攻。

（七）利用对方习惯性动作的进攻战术

针对对手自然产生的习惯动作，可采用有效的进攻方法。许多运动员在比赛中都存在着一些无意识的习惯性动作。如在即将进攻前，习惯身体晃动几次，或是要后踢反击前，先向前进一步再后撤一步等。要善于观察和及时捕捉这些战机，随时做好准备，一旦对方出现习惯动作，则立即发动进攻。

（八）边线进攻和防守战术

这是利用跆拳道竞赛的规则，逼迫对手出界的战术手段。一种方法是利用主动进攻，有目的地将对方逼迫到边线，造成对方的心理恐慌和担心被罚而导致动作失误，或是多次将对方逼迫出界。如果自己被对方逼迫到边线，则要及时用贴身转动，使对方来不及调整而被迫出界。

（九）体力战术

这是通过合理地分配体力以取得比赛胜利的战术方法。一场跆拳道比赛共赛3局，每局3分钟，运动员体力消耗较大。采用体力战术，就是合理地分配体力，每一局用多少体力要根据对手的情况来定。如果对手技术较弱，可以保持体力以技术取胜；如果对手技术好，可以采用消耗对手体力的打法取胜；如果双方实力相当，还应有打持久战的准备。如果知道对手的耐力较差，应打体力消耗战，连续进攻，不给对手喘息的机会，迫使对手体力迅速下降，以此取胜。

各种战术是互相矛盾、相互克制的，正如每个进攻方法都有反攻方法一样，由于跆拳道比赛过程情况复杂、变化多端，对手也多种多样，应根据比赛中随时变化的情况，灵活机动地运用一种或综合的多种战术，从而达到预期的比赛目的。

第三节　跆拳道踢击握靶法

握靶是跆拳道训练中常常使用的辅助训练器械之一，其特点是重量轻、目标小，击打时会发出清脆响亮的声音，从而可以提高练习者信心及击打的准确性和击打力度。

一、冲拳握靶法

持靶人两脚开立，前后站立，重心在两脚中间位置。双手握方靶柄的后端，靶面朝前、面对冲拳者的出拳方向，方靶底部边缘与地面平行，双肘向内收进贴住胯部。冲拳者用拳面击打靶心位置发出声音（如图 4-16）。

图 4-16

二、前踢握靶法

持靶人两脚开立，前后站立，重心在两脚中间位置。面对踢击者，单手握靶柄，靶面朝上，平行于地面，脚靶位置在持靶人的胸前部位，靶面离胸口一个脚靶的距离。踢击者如果技术正确，部位准确，踢击的瞬间脚靶的两面相互撞击，会产生清脆洪亮的声音（如图 4-17）。

图 4-17

三、横踢握靶法

持靶人两脚开立，前后站立，重心在两脚中间位置。单手握靶柄，靶面与水平面成 15° ～ 45° 的夹角，置于腹胸之间，靶的两面分别指向左斜下和右斜上（踢另一侧时相反），靶的前边缘在前斜上方，整个靶位在人体前方。踢击者用正脚背击打靶心，产生清脆洪亮的声音（如图 4-18）。

图 4-18

四、下劈腿握靶法

持靶人两脚开立前后站立，重心在两脚中间位置，单手握靶柄，身体侧对踢击者，靶位在持靶人的体侧，握靶柄的前端，靶身和地面平行，手臂向内收肘关节顶起，靶面微向斜上方翘起，靶位与头部同高。踢击者用全脚掌击打脚靶发出清脆声响（如图 4-19）。

图 4-19

五、侧踢腿握靶法

持靶人两脚开立前后站立，重心在两脚中间位置，单手握靶柄，身体侧对踢击者，靶位在持靶人的体侧，单手握住靶柄，靶柄、靶前边缘水平面垂直，靶面面对踢靶人，靶位与胸腹同高。踢击者用侧踢动作全脚掌击打脚靶发出清脆声响（如图 4-20）。

图 4-20

六、高横踢握靶法

持靶人两脚开立前后站立，重心在两脚中间位置，单手握靶柄，靶面与

水平面成 15°～ 45°的夹角，靶位与头部同高，靶的两面分别指向左斜下和右斜上（踢另一侧时相反），靶的前边缘在前斜上方，整个靶位在人体前方。踢击者用正脚背击打靶心，产生清脆的声音（如图 4-21）。

图 4-21

七、双飞踢握靶法

持靶人左右手各拿一个靶，握靶柄的前端，靶柄与水平面成 15°～ 20°的夹角，前手脚靶放于腹部，后手脚靶放于胸前 10 厘米处。持靶人两手可放于中线位置，两靶前边缘皆朝斜上方，成交叉状，当踢击者第一次踢击时，持靶人前脚迅速后撤并将后脚靶迅速给予踢击者。双飞踢时双脚用脚掌击打靶心位置，会产生清脆的声音（如图 4-22）。

图 4-22

八、侧摆踢握靶法

持靶人两脚开立前后站立，重心在两脚中间位置，双手握靶柄；持靶人双手各握一个，两靶置于胸前，握靶柄的前端，两靶柄与水平面成垂直方向，两靶面向左、右方向，间隔约15厘米，与踢靶人的头部同高。侧摆踢时用脚掌击打靶心位置，产生清脆洪亮的声音（如图4-23）。

图 4-23

九、后踢握靶法

靶在持靶人的身体正前方，持靶人两脚开立前后站立，重心在两脚中间位置，双手握靶柄；握靶人双手各握一个，两个靶心贴紧；靶位在持靶人的胸部以下和髋关节以上的位置贴紧。后踢时，分中、高两个高度，中段后踢时用双靶，上段后踢时用单靶，都是击打靶心的位置（如图4-24）。

图 4-24

十、后旋踢握靶法

持靶人两脚开立前后站立，重心在两脚中间位置，双手握靶柄，两靶置于胸前，握靶柄的前端，两靶柄与水平面成垂直方向，两靶面向左、右方向，间隔约 15 厘米，与踢靶人的头部同高。后旋踢时用脚掌击打靶心位置，产生清脆洪亮的声音（如图 4-25）。

图 4-25

十一、360° 旋风踢握靶法

持靶人两脚开立前后站立，重心在两脚中间位置，与踢击者保持 1 米左右距离，双手握两个靶柄，靶面与水平面成 15° ～ 45° 的夹角，置于腹胸之间，两个靶的两面分别指向左斜下和右斜上（旋风踢另一侧时相反），靶的前边缘在前斜上方；两个靶位在人体胸口前方位置，靶与靶之间间隔 15 厘米。踢击者利用旋风踢动作击打靶心，产生清脆洪亮的声音（如图 4-26）。

图 4-26

十二、二段踢握靶法

持靶人两脚开立前后站立，重心在两脚中间位置，双手握两个靶柄，靶面与水平面成 15°～45°的夹角，两靶之间的距离为 40～50 厘米，上脚靶在持靶人头部位置，下脚靶在持靶人胸口位置，脚靶的两个靶的两面分别指向左斜下和右斜上（二段踢另一侧时相反），靶的前边缘在前斜上方，两个靶位在人体胸口前方位置。踢击者利用二段踢动作击打靶心，高位动作会产生清脆洪亮的声音（如图 4-27）。

图 4-27

本章思考题

1. 跆拳道中品势与竞技的区别在哪里？

2. 在跆拳道腿法中，运动员最应该掌握哪几项踢腿技巧？

3. 跆拳道实战中应该做到哪些预判？

4. 你认为运动员在比赛中应该保持怎样的状态？

5. 跆拳道握靶时的发力点在哪里？

第五章

跆拳道身体素质训练

第一节　柔韧性训练

跆拳道被誉为"踢的艺术"，腿法纷繁复杂，因此对腿部和腰髋的柔韧性有极高的要求。这里主要介绍腿髋部和腰部的柔韧性训练方法。柔韧性训练方法就具体形式来讲分两种：一种是主动练习法，一种是被动练习法。主动练习法是指练习者依靠自己的力量使肌肉拉长，加大关节活动的灵活性；被动练习法是指练习者通过他人的帮助，借助外力使肌肉被拉长，并使关节活动范围增大。

一、主动练习法

（1）正压腿（立式）：面对一定高度的物体，将一腿放在物体上，另一腿直膝支撑，脚尖向前；两手向前碰触踝关节，上体向前弯曲，做上下压振动作（如图5-1）。此动作主要拉伸抬起腿的大腿内侧和下侧韧带。

（2）侧压腿（立式）：面对一定高度的物体，将一腿放在物体上，另一腿直膝支撑，脚尖略向外；右臂从上方向前碰触踝关节，上体向前弯曲，做上下压振动作（如图5-2）。此动作主要拉伸抬起腿的大腿内侧韧带。

图 5-1

图 5-2

（3）正压腿（俯压式）：并步站立，一腿向前跨出一定距离，让小腿垂直于地面，大腿小腿保持垂直，后脚立起，上下振动（如图5-3）。此动作主要拉伸前腿大腿下侧，后腿大腿前侧韧带。

（4）侧压腿（俯压式）：支撑腿下蹲，蹲到拉伸幅度最大，全脚掌着地，注意挺直上身，不要前倾或后仰，目视前方。双臂向前保持肩宽水平抬起，上下压腿，会感到双腿的大腿内侧有被拉扯的感觉（如图5-4）。

图5-3

图5-4

（5）压脚背：保持跪坐姿势，将脚背放平，两腿并拢，重心后倾，上下压振。此动作主要拉伸脚背的韧带，有助于踢腿时保持脚背绷直（如图5-5）。

（6）对脚压胯：两腿屈膝，脚掌相对，盘腿而坐，双手握住两脚，上体向前俯卧（如图5-6）。

图5-5

图5-6

（7）反压胯：身体趴于地面，大腿和小腿垂直，大腿分开和身体垂直，向下俯卧（如图5-7）。

（8）竖叉：前脚向前，脚后跟着地，后脚脚背着地，双手撑于身体两侧，上下振动（如图5-8）。

图5-7   图5-8

（9）横叉：左右两腿伸直，沿一条直线分开，双手撑于体前，上下振动（如图5-9）。

图5-9

（10）前俯腰：并步站立，两腿挺膝夹紧，两手十指交叉，两臂伸直，上举手心向上。然后上体亢腰前俯，两手心尽量向下贴紧地面，两膝挺直，髋关节屈紧，腰背部充分伸展。接着，两手松开，用双手从脚两侧屈肘抱紧脚后跟，使胸部贴紧双腿，充分伸展腰背部。持续一定时间后再放松起立（如图5-10）。还可以在双手触地时向左右侧转腰，用两手心触及两脚外侧的地面，增大腰部伸展时左右转动的柔韧性。其动作要点为两腿挺膝直立，挺胸塌腰，充分伸展腰背部，胸部与双腿贴紧。前俯腰主要用来练习腰部向前运动的能力和柔韧性。

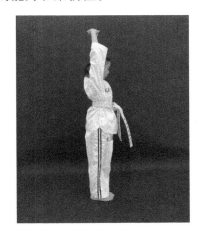

图 5-10

（11）后甩腰：并步站立，练习时一腿支撑，另一腿向后上直腿摆动，同时，两臂伸直，随上体向后的摆振动作，使腰背部被充分压紧，腰椎前面充分伸展（如图5-11）。其动作要点为后摆腿和上体后屈振摆同时进行；支撑腿膝伸直，头部和双臂后屈做协调性后摆助力动作。后甩腰主要用来练习腰部向后运动的柔韧性。

图 5-11

二、被动练习法

（1）腿部和髋部的主要练习方法多采用各种形式的搬腿。同伴握紧自己的脚，做正搬、侧搬、后搬等助力拉伸动作，也可采用各种形式的按和踩的方法。例如，进行横叉或竖叉练习时，同伴或教练可利用脚踩或手按练习者髋部的办法助其用力达到伸拉的目的。

（2）腰部的被动练习法主要是利用压桥法。同伴或教练用自己的双脚顶住或踩住练习者的双脚，用双手拉住练习者双臂或双肩，用力使练习者的双肩后部尽量靠近两脚跟，使练习者的腰椎关节得到完全伸展和收缩，增强腰部的柔韧性。

三、柔韧性训练的要求和注意事项

（1）根据跆拳道竞技运动的特点，要以发展腰髋和下肢柔韧素质为主，还要发展全面的身体柔韧素质。同时，要控制好柔韧性的发展水平，根据人体的生理解剖特点和规律，进行合理有效的训练。但不要过分地进行柔韧性训练，特别是超过人体解剖结构限制的练习最好不要采用，否则不仅不会取得训练成绩，反而易对练习者造成伤害。

（2）柔韧性练习要经常进行，持之以恒。柔韧素质较其他素质更容易发展，也容易消退，因此必须经常练习。柔韧素质练习要安排在合适的时间，一般训练时可在基本部分的最后阶段训练课后进行，也可以在力量训练和速度训练之间穿插柔韧练习，这样不仅能调节训练形式，而且可以收到良好的训练效果。

（3）随着柔韧性水平的提高，柔韧训练的强度和难度要逐步加大，但不能急于求成，要遵循循序渐进的原则。特别是在被动性练习时，更应小心谨慎，千万不要出现被动拉伤或撕裂现象，否则会得不偿失，影响整个训练的进行。

（4）主动练习和被动练习协调进行，两者相互弥补，相互促进，共同提高。

（5）柔韧性训练前应做好充分的准备活动。肌肉的伸展与肌肉的温度成正比，通过准备活动，提高肌肉的温度，降低肌肉内部的黏滞性，提高肌肉细胞的兴奋程度，有利于肌肉的伸展。韧带也具有同样的特点，因而必须先做好准备活动，再进行柔韧性训练。

第二节 专项基础训练

一、耐力训练

跆拳道竞技是一项集各项运动素质于一体的综合性运动项目，对耐力素质同样具有相当高的要求。跆拳道的正式比赛为 3 回合制，每回合 3 分钟，而且每次比赛的所有场次都要集中在 1～2 天内打完，所以对于运动员来说，耐力素质极其重要。这包括速度耐力和力量耐力。速度耐力，即每场比赛自始至终都要有充沛的体力，保证在比赛中正常地发挥和有效地运用技术和战术；力量耐力，即必须具备长时间激烈地对抗中有效地打击和防御对手的能力。而且，这些耐力至少要保持到整个比赛结束，否则就无法取得比赛的最后胜利。

（一）有氧耐力训练

有氧耐力训练主要采用强度小、负荷时间长的各种练习方法。跆拳道训练中常采用的方法和手段包括以下几种：

（1）4000～12000 米匀速跑：心率控制在 150 次／分钟左右，保持匀速跑完全程。

（2）越野跑：利用公园、山川或环境较好的地方进行 30 分钟以上的越野跑，心率控制在 150 次／分钟左右。利用环境调节心情，可以降低疲劳感。

（3）10 分钟跳绳：利用跳绳进行耐力练习，在 10 分钟内保持跳动频率不变，但可变换跳动方式，进行单脚跳或双脚跳。

（4）10 分钟组合踢法动作练习：连续 10 分钟进行已掌握的技术组合练习，既练习动作的熟练程度，又练习耐力素质。

（5）三对一或四对一的车轮战：练习者与 3 位或 4 位陪练逐一对抗，但限定强度和力度，每人 3 分钟，进行一轮或两轮次的有条件实战练习。

（二）无氧耐力训练

无氧耐力训练即采用负荷时间短、练习密度大、间歇时间短的练习方法专门训练，时常利用以下几种方法和手段：

（1）30 米、60 米、100 米冲刺跑。

（2）400 米、800 米变速跑。

（3）撑跳箱提膝——左、右侧滑步扶地。

（4）两人一组脚靶练习：

①左右横踢 50 次（中、高）；

②左两次、右两次横踢 30 次（中、高）；

③单腿横踢（50 次、40 次、30 次、20 次、10 次）递减法（中、高）；

④跳踢（50 次、40 次、30 次、20 次、10 次）递减法。

（5）三人组脚靶练习：

①横踢（前、后腿）（中、高各 10 次）；

②下劈（前、后、跳各 30 次）；

③后踢（20 次）；

④后旋踢（20 次）；

⑤旋风踢（360°横踢）（20 次）；

⑥双飞踢（20 次）；

⑦移动靶 4 分钟×4 组，间歇 40 秒钟，4 分钟×8 组，间歇 20 秒钟，共做 2～4 大组；

⑧1 分钟×4 组，两人循环无间歇，40 秒钟×4 组，两人循环无间歇；

⑨车轮战：采用实战或条件性实战，由练习者一人连续打 3～5 局，每打一局换一名体力充沛的同伴，局间休息 1 分钟。

（三）耐力素质训练的要求和注意事项

（1）根据练习任务的要求，科学安排练习的运动量、强度、重复次数、间歇时间和间歇方式。

（2）跆拳道运动员的耐力有力量性的特点，增加力量练习的次数是发展肌肉耐力的一个有效方法。

（3）根据跆拳道比赛时间长、强度大、对抗竞争激烈的特点和运动员的身体训练水平，科学地安排有氧耐力和无氧耐力的训练，并使无氧耐力训练尽可能地结合专项进行。

（4）耐力训练不仅是身体方面的训练，也是意志品质的培养过程。因此在耐力训练中除采用多种多样的训练手段外，还要注意培养运动员吃苦耐劳、坚韧不拔的意志品质。

二、爆发力训练

（1）俯卧撑：两脚并拢，两掌撑地，距离略宽于肩，身体收腹挺直；屈肘下俯，再伸肘撑起，重复完成该动作。也可以用拳、指尖支撑，还可以在撑起的过程尝试击掌。

（2）立卧撑：身体直立，双腿屈膝下蹲，两掌撑地；两腿向后蹬，身体挺直，收腹收腿，蹬地跳起。重复系列动作。

（3）抱膝跳：两腿蹬地跳起，上体直立，两腿屈膝提至胸腹间。落地后重复动作。

（4）卷腹：平躺，双膝弯曲，脚平放在地面上。双手交叉于胸前或置于两耳旁，沉肩收腹，下颚微收，向上至肩胛骨离开地面，腰部固定，同下至肩胛骨平贴地面，向上呼气，向下吸气，一上一下为一次。此动作用于锻炼腹部上部肌肉。

（5）双头起：平躺，两腿并拢自然伸直，两臂于头后自然伸直。两腿两臂同时上举下压，向身体中间靠拢，以胯为轴使身体形成对折，背部最好能离开地面，然后恢复原状。此动作用于锻炼腹部肌肉。

（6）仰卧举腿：平躺，两膝稍稍弯曲，两腿向上自然举起，直至两大腿与地面夹角达到 40° 及以上，稍做停顿。然后，两腿慢慢放下，回复到起始位置，最好能不落地。

三、力量训练

（一）上肢力量

（1）俯卧撑：俯卧，身体伸直，两脚尖和两手支撑，在其他部位不触地的情况下，双臂每屈伸一次算一次俯卧撑。要求屈臂时胸部几乎触地，伸臂时肘关节完全伸直。两手亦可握拳或十指撑地，以增加练习难度。训练时每组 15 ～ 30 次，共做 5 组，每组间歇 3 分钟。

（2）杠铃屈臂：两脚左右开立，两手反握杠铃与肩同宽。由两臂自然伸直，杠铃静置大腿前开始，以肘关节为轴做两臂的屈臂动作，到两肘完全屈收，杠铃横置锁骨部位，再放松伸臂至大腿前。每重复一次上述动作计数 1 次。重量 15 ～ 20 千克，每组 10 次，共做 5 组，间歇 3 分钟。

（3）卧推杠铃：仰卧在长凳上，两臂伸直与肩同宽，双手正放松屈肘，铃杠至胸前但不能接触胸部，然后双臂用力上举，至伸直位置。每使杠铃上下一次计数 1 次。重量为本人卧推最大重量的 70%，每组 10 次，共做 3 ～ 5 组，组间间歇 3 分钟。

（二）下肢力量

（1）半蹲：6 组 ×20 次、重量为体重的 70%；

（2）负重跳换步：6 组 ×30 次、重量为 25 ～ 50 千克；

（3）负重登台阶：6组×30次、重量为25～50千克；

（4）负重高抬腿：6组×30次、重量为20～35千克。

（三）综合力量

（1）立卧撑跳：身体向前，两脚尖和双手支撑身体，做一次俯卧撑，然后屈髋收腹，两脚收至两手中间位置，同时蹬地起跳，身体腾空。每组15～30次，反复进行，做3～5组，间歇3分钟。

（2）收腹跳：身体直立，两脚同时蹬地原地起跳，身体腾空，随蹬地两脚迅速屈膝上提，两手由两侧抱紧双膝，随放即落，每15～30次一组，反复进行，做3～5组，间歇2～3分钟。

（3）原地提膝：身体直立，一脚蹬地后迅速屈膝上提，提到最高位置放松落下，另一条腿同样上提，交替进行，每组50～80次，做5～6组，间歇3～4分钟。

（4）立定多级跳：从直立开始，一脚蹬地起跳，另一脚前跨。反复进行。

（四）注意事项及要求

（1）根据自己的力量基础以及学习掌握具体技术的需要安排训练，应使机体局部力量和整体力量、大肌肉群力量和小肌肉群力量训练结合起来进行。

（2）科学地安排和调整运动负荷。例如：发展绝对力量需要强度大、重复次数少；发展速度力量则要求在最短的时间内发挥出最大的力量，采用中等重量、快速、较多次数的练习法；发展力量耐力则采用负荷强度小、重复次数多的练习法。

（3）进行力量训练时，要与其他性质练习交替进行，防止肌肉僵化，提高肌肉弹性。

（4）比赛前7～10天不能安排极限重量的较大部分肌肉群练习。

（5）要求以速度力量为主，相对力量、力量耐力协调发展。

四、灵敏与协调训练

跆拳道的灵敏、协调素质，是指在各种复杂变化的条件下迅速、合理、敏捷、协调地完成各种动作的能力，灵敏、协调素质是其他各种运动素质的综合体现。它有助于发展运动员的反应、起动、变换方向的速度，并能更快更合理有效地掌握各种复杂战术。因此，跆拳道的灵敏、协调素质对于比赛十分重要，这是在复杂多变的环境因素中不能事先预料而运用技术的关键素质，是比赛取胜的基础。

（一）灵敏素质训练方法

（1）听信号完成动作：盘腿坐（前、后）或跪下（前、后），听信号快速起立跑到指定位置。

（2）腿部组合练习：单双腿跳物—前后分腿跳—并步前踢跳—左右分腿跳—后屈膝跳—前屈膝跳。采用每次一个动作、另一个动作循环跳动，通过变换不同动作，练习灵敏性和协调性。

（3）跑的专门练习法：一般采用曲线跑、穿梭跑和信号应答跑进行练习。前两种方法的主要目的是练习动作的灵敏和协调性，后一种方法是在反应速度的基础上，判断信号指令，再进行灵敏和协调练习。例如：教练员发令跳（分腿前后和左右各1次）、跨（分腿跨越障碍）、踢（完成进攻踢法两种），运动员收到命令后快速完成上述不同指令动作。

（4）步法练习法：利用各种步法进行灵敏性、协调性练习，设立许多障碍练习步法的变化和移动。

（5）踢法动作的组合练习法：将不同性质的踢法组合，练习灵敏和协调。例如右横踢—左后旋踢—进步腾空左下劈，将不同用力方向和动作方向的动作组合在一起，既练习技术组合，又练习动作的灵敏和协调性。

（二）灵敏与协调训练的注意事项

（1）灵敏、协调素质与其他运动素质有密切的关系，具体训练要和其他素质的训练配合进行，相互贯穿。有的专门性练习是有多项练习效具的。

（2）灵敏、协调素质训练的时间不宜过长，重复次数不宜过多，因为在疲劳状态下的练习不会使人更敏捷、更协调。

（3）灵敏、协调素质对掌握和改进技术动作具有重要作用。加强灵敏、协调素质训练会对掌握和改进技术起促进作用。因而要把这种素质训练贯穿到整个训练之中，在不同的训练时期和训练阶段都要适当安排灵敏、协调素质的训练。

五、速度训练

速度素质在跆拳道诸多素质中占有很重要的地位，特别是在跆拳道比赛中，速度素质显得尤为重要。比赛时速度素质中的反应速度、动作速度及动作速率通过具体的攻防动作和战术意图综合表现出来。要想取得比赛的胜利，就要求运动员在高度紧张和繁杂的对抗中，最大限度地表现出速度的各项素质。跆拳道速度素质的训练，就是利用具体有效的各种方法和手段，使人体

速度素质的各项潜能被充分激发，使各部分综合的速度素质达到尽可能完善的程度，从而提高技术和战术的运用效果，争取比赛的胜利。速度素质训练的重点是要提高反应速度和动作速度。

（一）常用训练方法

（1）听教练或同伴发出信号后进行快速反应。例如，随同伴击掌的声音迅速做出具体动作，或听信号后进行前进后退跑、扶地转身往返跑等练习。

（2）根据教练或同伴做出的进攻动作，迅速做出防守反击或直接反击动作。例如，对方用侧摆踢向你进攻，必须迅速利用跳换步接后踢反击。当教练或同伴在同高度和不同部位亮出脚靶时，必须快速反应判断，利用适当的方法快速进攻。

（3）随着训练时间的增加和反应速度的巩固与提高，就可进入专门训练阶段。专门训练时采用两种具体手段：分解法和变换法。

分解法：即在较容易完成动作的条件下，通过提高分解动作来提高反应速度。如练习左臂内格挡防守接跳换步右后踢反击的动作组合，训练时先练右势站立，用左臂向内格挡防守，连续顺势跳换成左势站立，然后再练习左势站位实战姿势向右后转体，用右脚后踢的反击动作提高两部分动作的速度。

变换法：即根据动作的强度，用具有时间变化的信号刺激，明显改变练习形式。如利用环境来提高简单动作反应速度，又如临近比赛时的条件性实战及通过消除运动员心理障碍等方法来提高简单反应速度的训练方法均属此列。

（二）反应速度与动作速度的训练

1. 反应速度的训练

跆拳道比赛攻防激烈，瞬息万变，对于复杂动作的反应速度有着很高的要求，它与技术、战术训练密不可分。因此，复杂动作反应速度训练最重要、最有效的方法，就是通过条件实战、内部实战和参加比赛等方式去完成具体训练任务。因为只有在实战中，特别是在比赛中，才更能发现问题，选择的动作是否正确、有效，只有在实战运用中才能得到证实。因此，根据事先设计好的训练意图，进行实战对抗和比赛，在对抗中练习掌握复杂动作的速度和时机，从而提高复杂动作的反应速度，是高水平运动员训练所必需的方法之一。在有目的地发展复杂反应速度的专门训练中，要尽可能根据或模拟跆拳道比赛中产生复杂反应的条件和类似的形式，让运动员反复适应后使反应时间缩短。由于复杂动作反应速度的转移范围较广泛，因而应采用多种形式的专门练习以稳定其反应速度，缩短反应时间。

2. 动作速度的训练

所谓动作速度是一个模糊的概念，因为单纯的动作速度是不存在的。我们在实践中观察到的动作速度，实际上是由运动的物体或人体的其他能力，如力量、协调、耐力、技术等因素，加上速度素质来决定的。所以，动作速度的训练与其他运动素质的训练、技术训练有密切的联系。要培养动作速度，就必须有目的地发展相应的运动能力，这是动作速度训练的特殊之处。同时，由于速度素质具有不易转移的特点，因此在动作速度的训练过程中，训练的任务和内容必须明确，否则得不到良好效果。另外，动作速度的提高必须与速度耐力的提高结合起来，实战中运动员不仅仅是快速完成动作，而且还要把这种能力保持到比赛结束。因此，动作速度的速度耐力训练是非常重要的。在跆拳道动作速度训练中，为了坚持上述训练原则和方法，通常采月多种形式的方法和手段进行。

（1）利用冲刺跑和中高速跑练习动作速度。速度练习包含从静止到最大速度的疾跑阶段，这是提高速度的最重要前提。因而利用 30 米、50 米、100 米跑练习加速度和冲刺感觉，利用 200 米、300 米、400 米跑体会持续高速度状态下速度耐力的本体感觉，会对提高动作速度提供最直接的身体感觉。这种感觉在跆拳道的对抗中，主要体现在利用步法加快动作的速度，提高动作的加速度既加快了动作本身的速度，又增加技术运用的打击力度和效果，因而被经常采用。在专门性训练时，可将带有转体、进步接做各种技术动作和组合反复训练，提高完成动作的速度和击打力度。例如，将转体后旋踢的动作结合身体加速时个体感觉，把最快速度和最大力度体现在最后用力上，从而提高后旋踢的动作速度和击打力度。

（2）利用下坡跑、加速跑和后蹬跑，练习不同状况下的动作速度。跆拳道比赛瞬息万变，因而练习在不同状况下完成动作的速度是非常重要的。在进行专门练习时，可采用将不同特点的两三个动作或组合连续运用的方法，提高完成不同动作的速率。例如，做左横踢—右横踢—转身左后旋踢组合，接做腾空左前下劈—右侧踢组合，将原地、旋转和腾空的动作结合起来，熟练后会提高不同形式动作的单个速率和变化速度，从根本上提高动作的速度。

（三）发展速度素质的要求和注意事项

（1）尽量以快的速度按规格要求完成动作。

（2）采用的技术动作必须是已熟练掌握、形成定型的动作。

（3）练习的持续时间一般不超过 1 分钟，以 30 秒一组为宜。

（4）专门性的动作速度练习与比赛的动作结构相似，从实战角度进行训练。

（5）利用重物进行专门动作速度练习时，重物的比例、重量应比培养单纯力量和速度力量的重量要小。

（6）严格掌握好练习的间歇时间和休息方式。间歇的时间在保证后一次练习完成的速度在一定范围内不低于前一次，一般为 5 ～ 8 分钟。休息方式以积极性休息为主，做一些简单的模仿和想象动作，但不用力。

（7）由于速度练习具有极限强度，量不宜大。

六、控腿训练

控腿训练可以提高腿部的力量、耐力，多练习控腿动作训练，可以完成各种复杂的踢腿动作。具体训练方法如下：

（1）侧控腿：把一腿向身体的一侧抬起，支撑腿打直，然后坚持一段时间。初学者可以借助物体的帮助，然后进行侧控腿的练习。两腿要互相交替进行，熟悉了之后要离开帮助站稳的物体。

（2）正控腿：以身体的正面为正方向，然后将腿慢慢抬起，抬到自己可以抬到的最高处，支撑腿打直，然后坚持一段时间，两腿要互相交替进行。初学者可以借助物体的帮助，熟悉了之后要离开帮助站稳的物体。

（3）用绳吊腿侧控腿练习：侧控腿练习一段时间之后，为了更进一步增加侧控腿练习的效果，可以借助一根绳子进行吊腿的练习。用绳子将腿拉高，持平持稳于高位，而后进行专门控腿的练习。虽然有绳子的拉力，但是拉力只是辅助高度，目的还在于自己对腿的控制练习。用绳吊腿侧控腿练习方法与侧控腿练习相同。

（4）用绳吊腿正控腿练习：用绳吊腿正控腿练习方法同正控腿练习方法一致，绳只是将腿拉高，增加了高度和难度。

（5）侧控腿和正控腿的腿部负重练习：动作方法同侧控腿和正控腿一致，只是腿部增加了重量。为了提高效果，负重练习是很好的帮助，但是比较难，需要循序渐进。

（6）控腿踢腿练习：支撑脚原地站立，出腿脚连续横踢，练习控腿踢腿的稳定性。

（7）控腿变换腿练习：通过控腿基本动作的练习，掌握了控腿的技巧，进行控腿踢腿变换练习，将踢出腿迅速收回变换其他踢腿动作，反复练习掌握变换的熟练度。

本章思考题

1. 柔韧性训练的要求和注意事项是什么？

2. 耐力训练的要求和注意事项是什么？

3. 速度素质训练的常用方法有哪些？

4. 控腿训练的常用方法有哪些？

第六章 跆拳道初级防身技巧及运动损伤处理

跆拳道的防身作用是众所周知的。危险来临时，一般人往往会表现得惊慌失措，而不能沉着冷静地想办法制服对方，其实对方此时内心也非常紧张，只要抓住有利时机，利用所学的跆拳道技术击打对方，往往能够一招制敌。

第一节　跆拳道初级防身技巧

一、快拳一招制敌

（一）防身过程

A与B相对而立，B扑上前欲抓A，A立即降低身体重心，使用跆拳道直拳击打对方腹部或头部（如图6-1）。

图6-1

（二）动作要领

（1）对方扑上前时，通常只注意到自己的上身和头部，如果迅速降低身体重心，会使对手猝不及防，而后迅速打出直拳。

（2）可直接攻击对手裆部。

二、前踢一招制敌

（一）防身过程

A与B相对而立，B扑上前欲抓A时，或者已抓住A准备出拳时，A可迅速后仰，使用前踢技术踢击对方裆部或腹部，此动作能使对方疼痛难忍，彻底失去对抗能力（如图6-2）。

图 6-2

（二）动作要领

（1）抬起踢击腿时，两大腿内侧之间的距离尽量要小，踢击腿尽量直线出腿。

（2）为保持稳定，身体躯干稍稍向后倾，尽量将髋关节向前送出，踢击时脚背绷直。

三、横踢一招制敌

（一）防身过程

A与B相对而立，B扑上前欲抓A时，A身体迅速向左侧偏移，使用横踢动作击打B胸腹部位置（如图6-3）。

图 6-3

（二）动作要领

（1）当B正面扑来时，A提起踢击腿时两大腿之间的距离可以适当拉大

一些。

（2）小腿弹出后，在弹直的瞬间，要有一个制动的过程，使腿面产生鞭打的效果。

（3）支撑腿应该积极配合髋部转动，否则会造成力度不够。

四、下劈一招制敌

（一）防身过程

A与B相对而立，B扑上前欲抓A时，A身体迅速提起踢击腿使用下劈技术击打B面部及头部。此动作能使对方面部受到重创，失去反击能力（如图6-4）。

图6-4

（二）动作要领

（1）提起右腿，同时稍转髋向左上方送髋，使右腿膝盖与胸部尽量贴近，身体重心向上。

（2）右脚高举过头，右腿伸直紧贴上体，上体保持正直或稍前俯，重心向上。

（3）右脚脚面绷直，右脚快速下压，用脚掌或脚后跟下砸对方的头部，身体重心前移至右腿上，身体要稍后仰来控制重心。

（4）上提右腿脚面不需要绷直，应自然放松，而下劈腿时要稍绷直。

（5）左脚应积极配合身体向前移动，调整好身体重心。

五、侧踢一招制敌

（一）防身过程

A与B相对而立，B扑上前欲抓A时，A迅速提起右脚，收小腿同时向左转髋，身体右侧侧对对方，膝盖朝内，勾脚背，展髋直线蹬出右脚，用脚外侧攻击对方腹部、裆部、肋部（如图6-5）。

图 6-5

（二）动作要领

（1）身体侧对对方，提膝迅速转动支撑脚，保持好重心。

（2）迅速顶髋蹬出侧踢，髋部一定要展出，否则会导致击打力度不足。

（3）支撑脚必须积极配合蹬出腿。

六、双飞踢一招制敌

（一）防身过程

A与B相对而立，B扑上前欲抓A时，A立即使用双飞踢两次击打对方腹部及肋部（如图6-6）。

图 6-6

（二）动作要领

（1）后腿蹬地提膝，同时稍转髋，将后腿向左前方送髋，在后腿未落地

同时快速出前腿，重心向上提起。

（2）后腿提膝时迅速将重心向上送，顺势踢出前腿击打腹部，以增强出腿速度及力度。

（3）踢腿时双脚脚背绷直，身体重心从上移向前方，身体要稍后仰来控制重心。

（4）腰腹部发力，上下肢协调配合，将完整的动作充分展示出来。

第二节　跆拳道训练中常见的运动损伤及其处理

跆拳道运动过程中，往往会遇到一些受伤的情况，面对这些不同程度的受伤，我们该如何正确地进行处理？

一、开放性软组织损伤

（一）擦伤

机体表面与粗糙物体相互摩擦而引起的皮肤表层损害，称为擦伤。擦伤是跆拳道运动中最轻，也是最常见的一种开放性损伤。运动员在训练中被护具、脚靶擦伤或摔倒时的擦伤最为多见。

根据擦伤的情况不同，处理方法也不同。擦伤的情况一般有两种。第一种，小面积、表浅、无异物污染的皮肤擦伤。这种情况先用生理盐水消毒，局部涂抹 2% 的红汞药水或 1% ～ 2% 的龙胆紫药水，不必包扎。但关节附近的擦伤不宜采取干燥暴露法治疗，因为关节的运动易使伤口干裂，从而既影响运动又易感染，可采用磺胺软膏或青霉素软膏进行涂抹。第二种，面积较大、污染较严重的伤口。可先将异物彻底清除，再用凡士林纱布敷盖伤口，由医生清创后，还要施用抗菌药物和注射破伤风抗毒血清。

（二）撕裂伤

跆拳道运动中常见的撕裂伤有眉弓部的撕裂和前额、唇部的撕裂伤，这类情况多发于实战或比赛中。

损伤发生后，为了继续比赛，可先用生理盐水进行冲洗，再用肾上腺素液棉球压迫止血，然后用粘胶封合。比赛结束后到医院进行清创缝合、抗感染及预防破伤风治疗。

（三）鼻子出血

鼻子出血一般是由于实战中鼻子受到击打及身体的碰撞造成的。

当损伤发生时，可用食指、拇指在鼻翼外面相对压迫，用口呼吸，一般数分钟内可以止血。也可以用消过毒的脱脂棉球塞进出血鼻孔内，再在鼻翼外稍加压迫。另外，在前额部进行冷敷。

二、闭合性软组织损伤

挫伤、肌肉拉伤、扭伤等均属于闭合性软组织损伤。

（一）挫伤

肢体各部位被对方击中时都可能发生挫伤。跆拳道运动中较易发生挫伤的部位有大腿、小腿、胸部、头部、睾丸等。挫伤可分为单纯性的损伤和复杂性的损伤两种。单纯性的损伤是指挫伤后的出血点可为淤点、瘀斑及皮下组织局限性积血（血肿），挫伤重者疼痛和功能障碍较明显。复杂性的损伤较为严重，如头部挫伤后轻者可发生脑震荡，严重者可造成颅骨骨折，甚至危及生命，睾丸的损伤严重时可因疼痛而导致休克。

对于单纯性的挫伤，可以在伤后 24 或 48 小时以内进行止血、防肿、镇痛的处理。治疗方法可根据具体情况选用冷敷、加压包扎，一般先冷敷后加压包扎，两者也可以同时并用。对于复杂性的挫伤，如发生休克症状时，应首先进行抗休克处理，同时应及时送医院治疗。肌肉肌腱断裂者应先将肢体固定后及时送医院。

（二）肌肉拉伤

当肌肉主动收缩超过了负担能力或被动拉长超过了伸展性时，就会造成肌肉微细损伤、肌肉部分撕裂或完全撕裂，称为肌肉拉伤。跆拳道运动中常见的肌肉拉伤是大腿后群屈肌的肌肉拉伤，如做下劈踢打靶用力过猛而又踢空时，较易发生腘绳肌起点或肌腹部的拉伤。另外，训练前准备活动不充分，或长时间训练和连续比赛，疲劳积累，这些情况如不注意都会造成肌肉拉伤，严重时可导致肌肉断裂。

伤后应该立即冷敷、局部加压包扎、抬高伤肢，轻者针灸或 24 小时后行按摩治疗。肌纤维部分断裂者，48 小时以后再进行按摩，但按摩的手法要轻缓。对怀疑有肌肉或肌腱完全断裂者，应固定伤肢并加压包扎，送医院治疗。

（三）膝关节急性损伤

膝关节由股骨、胫骨、髌骨、腓骨组成，膝关节的稳定性靠周围的肌肉和肌腱，内外侧副韧带，前后十字交叉韧带及内外侧半月板来维持。跆拳道运动员的损伤一般多发生在内侧副韧带、外侧副韧带和十字交叉韧带。

1. 侧副韧带损伤

侧副韧带损伤包括内侧副韧带损伤和外侧副韧带损伤两种。内侧副韧带损伤是当膝关节屈曲成 130°～150°时，小腿突然外展外旋，或当足及小腿固定，大腿突然内收内旋，这种情况下都可能使内侧副韧带损伤。当膝关节屈曲，小腿突然内收内旋或大腿突然外展外旋时，较易发生外侧副韧带损伤。但由于外侧副韧带形如圆束并有股二头肌腱与髂胫束加固，所以受损伤的机会很小。

轻微的侧副韧带损伤，疼痛较轻，肿胀不明显，无关节屈伸障碍时，将伤膝置于微屈曲位，停止活动 2～3 天，外敷活血止痛中药。3 天后开始步行锻炼，并配以药物进行按摩治疗。按摩时由膝关节患处的远心端向近心端进行。

严重的侧副韧带损伤或断裂者，受伤膝关节明显肿胀，患膝成半屈曲位，伸屈功能受限制，并且膝关节疼痛加剧。这种情况应立即进行加压包扎，再送专科医院进行治疗。

2. 十字韧带和半月板的损伤

十字韧带的损伤是由于膝关节半屈曲位时突然旋转、内收、外展造成的。膝关节半屈曲位，小腿外展外旋或内收内旋时，两块半月板滑动不协调，就会使半月板受到急剧的研磨、碾、转而撕裂。半月板和十字韧带损伤后，当时就会有膝关节松活、软弱无力、不能正常持重行走等症状，这时应立即加压包扎送专科医院进行治疗。

在日常训练中，应提高运动员的专项技术和动作水平，避免训练中下肢过度疲劳；加强股四头肌及小腿三头肌与腘绳肌的肌力训练，增强关节稳定性而又保持灵活；训练时注意力要集中，实战时要遵守比赛规则，避免因粗野的犯规动作而造成损伤。

（四）急性腰部损伤

急性腰部损伤包括肌肉、韧带、筋膜及小关节的扭伤。当运动员做横踢动作，下肢动作快于躯干动作时，或肌力不足时，均可造成腰部的急性损伤。

发生急性腰部损伤时一般应卧床休息，仰卧于有垫子的木板床，在腰部垫一薄枕，以便放松腰肌，也可与俯卧位相交替，避免受伤组织受牵扯，以利于机体自行修复。轻度扭伤者休息 2～3 天，较重者应立即送医院进行治疗。

在日常训练中，应掌握正确的动作要领，提高腰、腹肌的协调性和反应能力，在进行力量练习时适当使用护腰带。

三、急性软组织损伤早中晚期的治疗原则

（一）早期

早期指伤后 24 或 48 小时以内，软组织出血和局部急性炎症期。这一时期的处理原则主要是适当制动、止血、防肿、镇痛和减轻炎症。伤后即刻冷敷，加压包扎，抬高伤肢，适当制动。加压包扎就是用适当厚度的棉花或海绵放于伤部，然后用绷带稍加压力进行包扎。加压包扎时一般先冷敷，后加压包扎，但也可两者同时并用。加压包扎 24 小时后即可拆除，再根据伤情进行二次处理，如外敷中药，疼痛较重者可服止痛片，淤血较重者内服跌打、七厘散等。

（二）中期

中期指伤后 24 或 48 小时后，出血已停止，急性炎症逐渐消退，但伤部仍有淤血和肿胀，肉芽组织正在形成，软组织正在修复。处理原则主要是改善伤部的血液和淋巴循环，促进组织代谢，促进淤血与渗出液的吸收，加速再生修复。可采用热疗、按摩、拔罐、药物等进行治疗，同时应根据伤情进行适当的康复功能锻炼，以保持机体神经及肌肉的紧张度，维持已经建立起来的条件反射，以及各个器官与系统的联系。

（三）后期

损伤基本自动修复，肿胀、压痛等局部征象已基本消除，但功能尚未完全恢复，锻炼时仍感疼痛、酸软无力。有些严重病例，由于粘连或疤痕收缩，出现伤部僵硬，活动受限等情况。此时的处理原则是增强和恢复肌肉、关节的功能。如有疤痕硬结和粘连，应设法使之软化、松解。治疗方法以按摩、理疗、功能锻炼为主，适当配以药物治疗。

四、骨折与关节脱位

（一）骨折

所谓骨折，就是骨的完整性遭到破坏。在跆拳道运动中，由于对抗性强，骨折是时有发生的。骨折分为开放性骨折、闭合性骨折和复杂性骨折三种情况。开放性骨折是指骨折端穿破皮肤，直接与外界相通，这和骨折极易感染发生骨髓炎和败血症。闭合性骨折是指骨折处皮肤完整，骨折端不与外界相通。复杂性骨折是指骨折后，骨折断端刺伤了重要组织、器官，可能发生严重的并发症。骨折发生后，除有疼痛、压痛、肿胀及皮下淤血外，还有其特

有征象，如震痛、功能丧失、畸形等，还可能发生休克。

对有出血和伤口者，应立即止血和保护伤口。对伴有休克者，再进行固定，固定前不能随意移动伤肢，为暴露伤口可剪开衣服、鞋、袜。对大腿、小腿和脊柱的骨折，应立即就地固定，骨折经初步处理后应立即送专科医院进行治疗。

（二）关节脱位

关节脱位也称脱臼，是指关节面之间失去了正常的联系。关节脱位一般是由间接暴力所致。关节脱位还可以伴有关节囊撕裂、关节周围软组织损伤，严重时还可能伤及神经甚至伴有骨折。

发生关节脱位时，在没有医生在场的情况下或不会整复技术时，不可随意乱动，以免加重关节周围的损伤。此时应立即用夹板和绷带在脱位所形成的姿势下固定伤肢，使伤员保持安静，尽快送医院处理。

五、休克

休克是指人体在遭受体内外各种强烈刺激后所发生的严重全身性的综合征，以急性周围循环衰竭为主要特征。由于有效循环血量相对减少，使组织器官缺氧，发生一系列的代谢紊乱，造成恶性循环，如不及时处理，就会导致死亡。当休克发生后，其主要症状为面色苍白、四肢发凉、冒冷汗、脉搏细数、呼吸浅速，严重者发生昏迷。

发生休克时，应让患者安静平卧休息，并给予精神安慰，最好不要采取头低脚高位休息，因为这样会使颅内压增高、静脉回流受阻，造成呼吸困难，加重缺氧。另外，冬天应注意保暖，夏天应注意防暑，神志清醒、无消化道损伤者，可适当饮用糖水，保持呼吸道畅通。昏迷者将头侧偏，用重手法点掐人中、合谷、内关等穴或嗅氨水催醒。有损伤疼痛者，应止痛镇静，并进行必要的包扎、固定、止血后送医院进行治疗。

本章思考题

1. 如果遇到不法侵害和危险时如何利用跆拳道技术应对？
2. 如何应用侧踢攻击不法分子？
3. 肌肉拉伤的处理方法是什么？
4. 骨折的处理方法是什么？

附

录

附录一　跆拳道竞赛的组织与裁判法

第一条　目的

为保证跆拳道竞赛的安全、公正、顺利进行，不断提高竞赛质量，为运动员技术水平的发挥创造条件，促进我国跆拳道运动竞技水平的提高，特制定本规范。

第二条　要求

（1）裁判员必须思想作风好，热爱跆拳道事业。

（2）精通竞赛规则，熟练掌握和运用裁判法。

（3）严肃认真，公正准确地对待工作。

（4）加强内部团结，提高业务能力，保证竞赛规则的实施。

（5）全力维护运动员的平等利益。

第三条　制定竞赛规程

1.要求

（1）主办单位必须根据竞赛目的、任务、性质、规模等具体情况制定竞赛规程。竞赛规程是赛会的法规性文件，必须以"竞赛规则"为准则，可依据"竞赛规则"的精神进行适当补充和调整。

（2）竞赛规程一般应在赛前三个月发出，以确保参赛各队有充分的准备时间。

2.竞赛规程主要内容

（1）竞赛日期和地点。

（2）参加单位。

（3）竞赛项目。

（4）参加办法。

（5）竞赛方法。

（6）录取名次。

（7）奖励办法。

（8）报名及报到。

（9）经费。

（10）违禁药物规定。

（11）裁判员。

三、竞赛规程范例

××××年全国跆拳道××××赛竞赛规程

（一）竞赛日期和地点：××××年××月××日至××月××日在××××省××××市举办。

（二）参加单位：各省、自治区、直辖市、各计划单列市，各直属体育院校，各行业体协。

（三）竞赛项目

1.男子：54KG、58KG、62KG、67KG、72KG、78KG、84KG、84+KG。

2.女子：47KG、51KG、55KG、59KG、63KG、67KG、72KG、72+KG。

（四）参加办法

1.每个参赛队可报男女运动员各八名，每个级别限报一名运动员。

2.参赛运动员不足6名的单位，报教练（或领队）1名；6名以上（含6名）的单位，可报领队、教练各1名；10名以上（含10名）的单位，可报领队1名，教练2名，医生1名。

3.报名后，各队不得随意更换参赛运动员和级别。

4.教练员、运动员必须持有中国跆协段位证书。

（五）竞赛方法

1.采用中国跆协制定的《跆拳道竞赛规则》。

2.采用个人对抗赛、单败淘汰制。

3.运动员必须着中国跆协认可的道服，自备个人用护具（护裆、护臂、护腿）。

4.组委会提供头盔、护身。

（六）录取名次

每个级别录取个人前六名。

（七）奖励办法

1.第一名奖励金牌一枚；第二名奖励银牌一枚；并列第三名各奖励铜牌一枚；前六名颁发证书。

2.设男女最佳技术奖。

3.设"体育道德风尚奖"团体和个人。

（八）报名及报到

1.报名：××年××月××日（以邮戳为准）前将报名表一式两份（加盖参赛单位公章）分别寄至中国跆协和承办方，逾期按弃权论。

2.报到：各队于赛前两天到赛会报到。

3.运动员必须有中国跆协段位证书、注册证书、健康证明（心电图和脑电图）、人身意外伤害保险等证明，一旦出现重大意外伤害事故，组委会不承担法律责任和义务。

（九）经费

1.报名费每人××元。

2.××费、××费各队自理。

3.赛会组织、裁判员、奖牌奖杯证书等及其他费用由组委会承担。

（十）禁止使用违禁药物。

（十一）裁判员：由中国跆协选派。

（十一）未尽事宜，由承办单位另行通知。

第四条 赛程安排原则

（1）根据赛会比赛时间规定、项目级别多少、各级别参赛人数，科学合理地安排赛程。

（2）不论参赛人数多少，同一级别的所有比赛原则上应在一天内结束。

（3）有利于运动员的体力恢复，有利于竞赛进程和竞赛效果。

第五条 确定竞赛日程

（1）抽签及称量体重安排。

（2）适应性训练时间和竞赛时间（每天两节或三节）安排。

（3）开幕式安排。

（4）发奖和闭幕式安排。

第六条 编制秩序册

1.要求

（1）在报名截止日期后开始编制。

（2）经反复核实，准确无误，印刷美观。

（3）可根据需要刊印赞助商广告，但不可喧宾夺主。

2.秩序册主要内容

（1）贺词（可不设）。

（2）竞赛规程。

（3）组委会及组织机构名单。

（4）仲裁委员会名单。

（5）裁判组名单。

（6）各代表队名单。

（7）大会活动及竞赛日程。

（8）其他有关内容。

3. 参赛队报到时下发

第七条　组织领队、教练员、裁判员联席会

（1）向各参赛队提出大会要求和有关规定。

（2）最后确认参赛队伍和参赛运动员名单。

（3）通报有关情况，就各队提出的问题交换意见。

第八条　裁判员、教练员赛前培训

竞赛规则如有变动，一般由主办单位（中国跆协）于赛前三个月举办裁判员、教练员学习班，举办方法和形式由主办单位视竞赛性质、规模而定。

大会指定裁判员须提前报到，进行赛前培训及实习等准备工作。

第九条　裁判组的组成

裁判组应由以下人员组成：裁判长、副裁判长、临场裁判员、编排记录长、编排记录员、检录长、检录员、宣告员、电子裁判、计时员、录像员、临场医务人员等。

第十条　裁判组主要职责及要求

1. 总裁判长

（1）全面负责竞赛中的裁判工作。

（2）赛前检查落实比赛场地、器材、护具、用品等事宜。

（3）组织裁判员学习，制定竞赛程序和工作计划，明确裁判人员的分工。

（4）主持裁判技术会议，依据规则、规程精神，负责对竞赛中疑难问题进行解释。

（5）负责组织抽签、适应场地安排、裁判员实习等事宜。

（6）竞赛中，指挥裁判组及赛场工作，执裁过程中出现争议时负责协调，并有权做出最后决定。

（7）配合仲裁委员会，处理竞赛中有争议的重大问题。

（8）发现裁判员有违反竞赛规则或严重违纪行为，有权依据《跆拳道裁判员管理暂行办法》（体训竞一字〔1997〕043号）等政策法规进行处罚。

（9）审核、签署和宣布比赛成绩。

（10）做好裁判总结工作，报中国跆协裁判委员会。

2. 副总裁判长

（1）协助总裁判长做好各项工作，在总裁判长临时缺席时可代理其职责。

（2）负责处理竞赛过程中有关称重、临场执裁、检录、记录、计时、宣告中出现的问题，并及时报请总裁判长。

3. 裁判员

（1）经协会登记注册，持有裁判员资格证书及段位证书。

（2）精通《跆拳道竞赛规则》和《跆拳道裁判法》及其他有关规定，认真学习竞赛规程。

（3）尊重并服从总裁判长的指挥，有责任将竞赛中出现的问题及时上报，提出合理建议。

（4）按竞赛规则的要求进行场上执裁。

（5）裁判员不得以任何形式兼任领队、教练。

（6）不得随意向运动员及运动队传递有关的裁判内部信息。

（7）裁判员的工作有裁判组统一安排调动，本人不得提出特殊执裁要求。

（8）严格遵守裁判员守则和赛会各项有关规定。

（9）比赛后及时做好总结工作。

（10）完成好裁判组交办的其他任务。

4. 编排记录长

（1）协助总裁判长做好赛前准备工作，负责编排记录组的工作，审查运动员报名表，参与编制秩序册。

（2）处理运动员弃权、变更，抽签组织，编排场地、场次等事宜并向裁判组通报情况。

（3）准备各种竞赛表格并发送有关裁判组。

（4）负责核实、登记并及时公布比赛成绩；将下阶段比赛秩序立即通报有关裁判组。

（5）及时将各级别比赛结果经核实无误后送交裁判长。

（6）整理资料，编写成绩册，协助组委会及时印制竞赛成绩册。

5. 编排记录员

根据编排记录长的安排，完成编排记录组的工作。

6. 检录长

（1）负责检录组的各项工作，保证比赛顺利进行。

（2）根据赛程安排，指挥检录员按时点名，认真检查参赛运动员着装是否符合规定；负责发放、回收护具。

（3）处理运动员弃权问题及时通报有关裁判组。

（4）协助大会做好开幕式、发奖、闭幕式等项工作。

7. 检录员

根据检录长的安排，完成检录组的工作。

8. 电子裁判（如无电子计时记分设备可不设）

根据规则和规程要求，操作电子计时记分设备，保证设备运转正常。

9. 宣告员

（1）熟悉跆拳道竞赛规则及跆拳道运动知识，具有一定语言表达能力。适时介绍跆拳道比赛基本知识及竞赛特点，适当介绍运动员及运动队基本情况。

（2）介绍赛会概况，宣布竞赛开始、结束、级别场次，介绍临场裁判、双方运动员。

第十一条　竞赛种类

竞赛可分为锦标赛、冠军赛、段位赛、精英赛、大奖赛、巡回赛、邀请赛、对抗赛、擂台赛等，以及俱乐部、道馆学校之间的各类形式不同的比赛。

竞赛规模根据各种情况可以是国际的、全国、省际及队际之间的，但原则上应符合竞赛规则要求。

跆拳道竞赛主要分团体赛和个人赛，通常采用单败淘汰赛制或循环赛制。

第十二条　竞赛程序

根据竞赛的性质、规模、条件的不同，组织者进行合理、科学、系统的竞赛组织工作，力求做到高效、简练、易于操作。以下给出一个基本程序范例：

（1）确定比赛性质、规模、时间、地点等。

（2）制定竞赛规程。

（3）向参赛队发通知或邀请函。

（4）报名（一式两份，至主办和承办单位）。

（5）安排赛程，编制秩序册。

（6）落实场地、器材等，做好赛前准备工作。

（7）选派裁判员，并安排赛前培训。

（8）参赛队报到。

（9）组织召开联席会议，通知有关事宜。

（10）安排组织抽签。

（11）安排各队赛前训练、裁判实习。

（12）编排比赛场次，安排场地。

（13）必要时，适时举行开幕式、入场式。

（14）按赛程进入比赛阶段。

①称量体重。

②每场比赛具体程序按规则要求进行。

③记录并公布比赛成绩。

④产生下一轮比赛秩序。

（15）计分和录取名次。

（16）闭幕式及颁奖仪式。

（17）裁判工作总结。

（18）印制发放竞赛成绩册。

（19）参赛队及裁判离会。

附录二　跆拳道品势竞赛规则

第一条　目的

本规则是中国跆拳道协会（CTA）根据世界跆拳道联盟（WTF）跆拳道品势比赛规则而制定的，是中国跆拳道协会及其所属团体会员单位主办或组织的品势跆拳道竞技所使用的统一规则，目的是保证竞赛公平顺利地进行。

第二条　适用范围

本规则适用于中国跆拳道协会及其所属团体会员举办的各类跆拳道品势比赛。如需改动有关条款，须经中国跆拳道协会认可。

第三条　比赛场地

比赛场地为 12 米×12 米水平、无障碍物、正方形的场地。比赛场地应铺设有弹性的、平整的、经中国跆拳道协会制定或推荐的专用比赛垫子。必要时，比赛场地可根据实际需要置于高于地面 0.5～0.6 米的平台上。为保证运动员的安全，比赛场地边界线外应有与地面夹角小于 30°的斜坡。

1. 比赛场地的划分

（1）将 12 米×12 米的正方形场地内成为比赛区。

（2）比赛场地四周的外缘线称为警戒线。

2. 位置

（1）裁判员数量：7 名裁判员。

（2）主裁判员位置：1 号裁判员席。

（3）运动员位置：在比赛场地中心点向 3 号警戒线方向 1 米处。

（4）记录员席：位于 2 号警戒线中央向外 2 米处。

（5）执行员位置：在赛场内 1 号警戒线与 4 号警戒线交点处向选手位置 1 米处。

（6）教练员位置：3 号警戒线与 4 号警戒线交点处向场地外 3 米处。

第四条　运动员

1. 运动员资格

（1）在中国跆拳道协会注册的团体会员及个人会员。

（2）当年度在中国跆拳道协会注册。

（3）根据比赛要求，持有韩国国技院授予的品、段位或中国跆拳道协会颁发的级别证书。

（4）符合竞赛规程各年龄组要求。

2. 比赛服装

身着白色道服，并且是中国跆拳道协会认可的品牌。

3. 药物控制

（1）禁止使用或服用被国际奥委会禁用的药品。

（2）中国跆拳道协会认为需要时可进行药检，以确认运动员是否违反规定，任何拒绝药检或药检证明触犯有关规定者，将取消其比赛成绩，并将比赛成绩顺序递补给其后的运动员，同时根据有关规定对该名运动员进行处罚。

（3）组委会有义务保障药检工作。

（4）中国跆拳道协会关于违禁药物的其他规定。

第五条　比赛的种类

1. 个人比赛

（1）男子个人赛。

（2）女子个人赛。

2. 混双比赛

3. 团体比赛

（1）男子团体赛。

（2）女子团体赛。

第六条　组别划分及竞赛内容

1. 世锦赛比赛组别划分及竞赛内容

组　别		青少年组（14～18岁）	成年一组（19～30岁）	成年二组（31～40岁）	壮年一组（41～50岁）	壮年二组（51岁以上）
个人	男子	太极4、5、6、7、8章，高丽，金刚，太白	太极6、7、8章，高丽，金刚，太白，平原，十进	太极6、7、8章，高丽，金刚，太白，平原，十进	太极8章，高丽，金刚，太白，平原，十进，地跆，天拳	高丽，金刚，太白，平原，十进，地跆，天拳，汉水
	女子					
组　别		第一组（14～35岁）			第二组（36岁以上）	
混　合		太极6、7、8章，高丽，金刚，太白，平原，十进			太极8章，高丽，金刚，太白，平原，十进，地跆，天拳	
团体	男子	太极6、7、8章，高丽，金刚，太白，平原，十进			太极8章，高丽，金刚，太白，平原，十进，地跆，天拳	
	女子					

2. 全国比赛组别划分及竞赛内容

分类	组别（男、女）	第一指定品势	第二指定品势
个人	儿童组（8岁以下）	太极1、2、3章	太极4、5、6章
	少儿组（9～12岁）	太极3、4、5章	太极6、7、8章
	少年组（13～17岁）	太极5、6、7章	太极8章、高丽、金刚
	青年1组（18～24岁）	太极8章、高丽、金刚	太白、平原、十进
	青年2组（25～30岁）	太极8章、高丽、金刚	太白、平原、十进
	成年1组（31～40岁）	太白、平原、十进	地跆、天拳、汉水
	成年2组（41岁以上）	太白、平原、十进	地跆、天拳、汉水
混双	少儿组（12岁以下）	太极4、5、6章	太极7、8章、高丽
	少年组（13～17岁）	太极6、7、8章	高丽、金刚、太白
	青年组（18～30岁）	太极8章、高丽、金刚	太白、平原、十进
	成年组（31岁以上）	金刚、太白、平原	十进、地跆、天拳
团体	少儿组（12岁以下）	太极4、5、6章	太极7、8章、高丽
	少年组（13～17岁）	太极6、7、8章	高丽、金刚、太白
	青年组（18～30岁）	太极8章、高丽、金刚	太白、平原、十进
	成年组（31岁以上）	金刚、太白、平原	十进、地跆、天拳

注：1. 个人比赛一般在同年龄组运动员之间进行。必要时，可把相邻两个组别合并产生一个新的组别。任何运动员在一次赛事中只允许参加一个组别的比赛。

2. 混双比赛的参赛运动员为同年龄组的男、女运动员各一人。

3. 团体比赛的参赛运动员为同年龄组、同性别的3～5名运动员。

第七条　比赛方式

（1）中国跆拳道协会主办的全国性竞赛每个组别至少有5名（组）运动员参赛，不足5名的根据情况可与邻近组别合并。

（2）比赛方式按下面方式划分：

①单败淘汰制。

在没有电子打分器的情况下，采用单败淘汰制。

②Cut off制。

在使用电子打分器的情况下，采用Cut off制。

预赛：从各组别第一指定品势中抽选一种进行比赛；根据预赛得分高低，从参赛运动员中选拔出前50%人数的运动员进入半决赛。

半决赛：从各组别第二指定品势中抽选一种进行比赛；根据半决赛得分高低选拔出前8名运动员进入决赛。

决赛：从各组别第二指定品势中排除半决赛制定的品势后，抽选两种品势比赛，取两套品势的平均分，根据决赛得分高低选出前3名。

注：世界锦标赛则是从各组别所有竞赛规定品势中任意抽选一种，再自动连接下一套品势进行初赛，如初赛抽中高丽，则表示初赛要打高丽、金刚两套品势。然后再按上以形式，在排除已抽出品势后，抽取半决赛、决赛的品势，每一阶段打两套品势，取两套品势的平均分决定运动员名次再进入下一轮比赛。

第八条 比赛时间

每场比赛时间为1分30秒；决赛时，在两套品势之间休息1分钟。（世锦赛则是在每阶段比赛每套品势间休息一分钟。）

第九条 抽签

（1）抽签方式包括电脑抽签和人工抽签两种。

（2）抽签在中国跆拳道协会官员及有关人员组织下，在比赛开始前的参赛队、领队代表会议上进行。

（3）抽签结果在代表会上当场公布。

（4）没有参加抽签仪式的参赛队必须完全接受抽签结果。

第十条 犯规行为与处罚

（1）犯规行为由场内主裁判判罚。

（2）处罚分为警告（kyong go）和扣分（gam jeom）。

（3）教练员及运动员有下列行为时，主裁判员将依据其行为对大赛的消极影响程度对其进行警告或扣分处罚，其行为包括但不限于：

①运动员或教练员有不良言行；

②运动员或教练员打断比赛进程或使用过激言语、严重违反体育道德；

③运动员违背竞赛规则或故意不服从裁判员的判分结果；

④为了影响裁判员或执行员的判断而煽动群众；

⑤其他影响比赛进行或产生恶劣影响的行为;

(4)主裁判下达"警告"(kyong go)或"扣分"(gam jeom)而暂停比赛时,比赛时间根据主裁判员发出"暂停"(shi gan)口令的同时而暂停,直到主裁判发出"继续"(kye sok)口令,比赛继续进行。

第十一条 比赛程序

1.运动员检录

比赛检录员在比赛检录处按出场顺序进行运动员检录,每次10场比赛(比赛开始1分钟内未到场的运动员将被取消比赛资格)。

3.身体及服装检查

检录完毕的运动员到规定的检查员处进行身体及服装检查。运动员不得携带任何可能给对方运动员造成伤害的物品。运动员所着道服不符合中国跆拳道协会规定的不得参加比赛。

3.运动员入场

检查完毕的运动员与一名教练员到等待席准备比赛。

4.比赛的开始和结束

主执行员下达"开始"(shi jak)口令开始比赛。结束时用"还原"(ba lo)口令结束。即使主执行员没有发出还原口令,比赛仍将按照比赛规定结束的时间结束。

5.比赛步骤

(1)运动员根据执行员的"运动员入场"(shen su yip zhang)口令,从场地第二和第三警戒线沿着第三警戒线,走到第三警戒线中央后右转身行进到离场地中心点的第三警戒线方向1米处位置,做好比赛准备。

(2)运动员根据主执行员的"立正"(cha ryeot)和"敬礼"(kyeong rye)口令,向前、后方的裁判员行礼。

(3)运动员根据主执行员的"品势准备"(poomsae joon by)口令,做好品势准备姿势后,根据"开始"(shi jak)口令,进行赛会抽签决赛的比赛内容。

(4)运动员完成指定品势后,在最后一个动作停留,根据主执行员的"还原"口令,还原到准备姿势。

(5)根据主执行员的"立正"(cha ryeot)和"敬礼"(kyeong rye)口令,向前、后方的裁判员行礼后,站在原地等待裁判员判分。[进行两套品势一轮的比赛,如全国赛之决赛阶段可在打完第一套品势后,在主执行员发出"运动员退场"(shen su tue zhang)的口令后,运动员退场休息,无须等待打分。]

（6）主执行员在收到裁判员判分结束信号后，发出"公布分数"（zhem su pyo cul）口令，运动员的分数将会在比赛显示屏上显示。

（7）在主执行员发出"运动员退场"（shen su tue zhang）的口令后，运动员按照进场时的路线退出赛场。

第十二条　主执行员

1.资格

必须持有国技院颁发的段位证书及中国跆拳道协会颁发一级以上大众跆拳道裁判员资格证。

2.任务

（1）一场比赛有1名主执行员。

（2）主执行员负责引导运动员入场及退场。

（3）主执行员负责执行比赛中的所有口令及宣布运动员该场比赛得分。

（4）负责其他为了使比赛顺利进行而进行的辅助性工作。

第十三条　判分

判分参照世界跆拳道联盟品势规则中的有关规定执行，包括以下三项判分标准：

1.准确度

准确度的判分点包括基本动作和各品势动作的准确度。

2.熟练度

熟练度的判分点包括动作的幅度、平衡性及动作的速度和力量。

3.表现力

表现力的判分点包括动作的刚柔、缓急、节奏和运动员表现出的气势。

详细判分标准见第十四条的评分方法和第十五条裁判员判分标准。

第十四条　评分方法

1.总分为10分

2.分数组成

（1）准确度：①基本分数为5分；②在完成品势的过程中，出现细小失误时每次扣0.1分；③在完成品势的过程中，出现明显错误时每次扣0.5分。

（2）熟练度：①基本分数为3分；②动作幅度、平衡性、动作速度及力量在比赛中出现细小失误时每次扣0.1分；③动作幅度、平衡性、动作速度及力量在比赛中出现明显错误时每次扣0.5分。

（3）表现力：①基本分数为2分；②比赛中动作的刚柔、缓急、节奏及气势不能够明确地表现出来时每次失误扣0.1分；③比赛中动作的刚柔、缓急、节奏及气势不能够明确地表现出来并出现严重错误时每次扣0.5分。

3.其他扣分事项

（1）完成动作时超出比赛时间，在总分中扣除0.5分。

（2）比赛中运动员越过警戒线时，在总分中扣除0.5分。

（3）上述扣分事项，各裁判员根据该场场上主裁判员的口令进行扣罚。

4.计分方法

（1）品势比赛按照准确度、熟练度和表现力，结合其他扣分事项，核算其得分。

（2）在7名裁判员的判分中，除去最高分数和最低分数后，取分数的平均值。

五、容易产生扣分的主要注意事项

（1）扣除0.1分的主要事项：①碎步；②重心平稳度（起伏、摆动）；③转体动作的稳定性（平衡、起伏）；④精细标准度；⑤节奏的掌握；⑥双手同时动作的技术动作，双手的摆放次序及位置；⑦身体形态的正确性；⑧气的体现。

（2）扣除0.5分的主要事项：

①准确度：少动作或错动作时；该发声不发，不该发声时发声；两脚均越出起点一脚半径内；非法踩脚，口鼻吐气、发声时；动作连接间停顿三秒时；该踩脚不踩脚时。

②熟练度、表现力：视线不向动作的行进方向时；呼吸不统一，重心下沉时；动作与动作之间的连接，动作过大、过小、扣肩、均衡和起伏等；刚柔、缓急、节奏等不符合该套品势的要求时；气的表现，如气势、精神、态度、品位等。

第十五条　裁判员判分标准

1.基本姿势

（1）准备姿势。

规定动作：

①手掌伸直，从丹田开始慢慢向上握拳到胸口，然后向下旋转到丹田；②动作完成后，拳和拳的距离是一立拳距离，拳和道带的距离是一拳距离；③腕关节伸直；④双脚自一开始动作起呈平行步，两脚掌全着地。

扣分事项：

①握拳后向上做动作或从胸口开始时；②动作进行或完成后肘关节向上翘起时；③动作完成后拳和拳的距离不标准时；④腕关节弯曲时；⑤在开始动作至完成的动作过程中伴随着后脚跟的抬动。

（2）还原姿势。

规定动作：

①手掌伸直，从丹田开始慢慢向上握拳到胸口，然后向下旋转到丹田；②动作完成后，拳和拳的距离是一立拳距离，拳和道带的距离是一拳距离；③腕关节伸直；④双脚自一开始动作起成平行步，两脚掌全着地；⑤还原旋转时，利用前脚掌旋转。

扣分事项：

①握拳后向上做动作或从胸口开始时；②动作进行或完成后肘关节向上翘起时；③动作完成后拳和拳的距离不标准时；④腕关节弯曲时；⑤在开始动作至完成的动作过程中伴随着后脚跟的抬动；⑥还原旋转时利用脚后跟或整个脚掌旋转时。

2. 站势

（1）并步（立正姿势）。

规定动作：

①前脚尖向前方，双脚并拢。

②双腿膝关节伸直。

扣分事项：

①前脚尖向左或向右。

②双脚没有并拢。

③膝关节弯曲。

（2）并排步（平行步）。

规定动作：

①脚内侧平行，前脚尖向正前方。

②双脚内侧间隔宽度为一脚长宽度。

③双腿膝关节伸直。

扣分事项：

①前脚尖向左或向右。

②双脚内侧过宽或过窄。

③膝关节弯曲。

（3）左、右站势（丁字步）。

规定动作：

①左脚或右脚向外侧旋转90°。

②双脚跟距离为一脚长距离。

③双腿膝关节伸直。

扣分事项：

①双脚外侧不形成90°时。

②双脚内侧间隔过多或过少时。

③双腿膝关节弯曲时。

（4）走步（前行步）。

规定动作：

①自然走步停顿时的动作。

②双脚内侧间隔为一脚长宽度。

③前脚尖向正前方，后脚尖向正前方形成30°。

扣分事项：

①前脚尖向左或向右。

②双脚内侧过宽或过窄。

③后脚尖角度大于30°角。

（5）马步。

规定动作：

①脚内侧平行，前脚尖指向正前方。

②双脚内侧间隔为两脚长距离。

③双腿膝关节弯曲，低头向下看时形成一条直线。

扣分事项：

①前脚尖向左或向右。

②双腿内侧过宽或过窄。

③动作完成后，身体的重心向前或向后倾斜。

（6）弓步。

规定动作：

①双脚间隔为两脚至两脚半距离，两脚掌内侧间的平行间隔为一拳距离。

②前脚尖向正前方，后脚尖向下前方自然形成30°。

③低头向下看时，前腿膝关节与前脚尖形成一条直线。

④身体重心的2/3放在前腿，后腿膝关节伸直。

扣分事项：

①步法过宽或过窄，前后脚左右交叉。

②后腿膝关节弯曲或脚后跟翘起。

③身体重心过多向前或向后。

（7）三七步。

规定动作：

①双脚内侧和膝关节形成90°，两脚间间隔为两脚距离。

②身体重心的70%在后腿，30%在前腿。

③动作完成后前腿的小腿与大腿的角度为100°～110°。

扣分事项：

①前后脚的角度或宽度，过宽或过窄。

②身体的重心向前或向后倾斜。

③臀部向后翘起，前腿弯曲的角度过宽或过窄。

④后腿膝关节向内或向外。

（8）虎步。

规定动作：

①前脚后跟对着后脚尖。

②身体重心的90%～100%放在后脚。

③后脚尖向正前方形成30°。

④前脚尖轻轻点地。

⑤动作完成后，后退的大腿与小腿的角度为100°～110°。

扣分事项：

①前后脚的角度或宽度过宽或过窄。

②身体的重心过于向前或向后倾斜。

③后腿弯曲的角度过宽或过窄。

④后脚尖角度大于。

⑤臀部过于向后翘起。

（9）前、后交叉步。

规定动作：

①双脚间隔距离为一拳距离。

②交叉时，利用支撑腿的前脚掌旋转交叉。

③身体重心的 90% ～ 100% 放在交叉腿上。

④动作完成后双腿的膝关节分开一拳宽度。

⑤后脚的脚后跟向上翘起，放在前脚外侧的中心点后。

⑥重心脚向交叉方向自然成 30°，支撑脚与重心脚间成 90°。

扣分事项：

①双脚的距离过宽或过窄。

②交叉时支撑脚不旋转或脚后跟向下。

③动作完成后双腿膝关节并拢。

（10）独立步。

规定动作：

①支撑脚的前脚尖和膝关节向正前方。

②支撑腿弯曲，大腿和小腿的角度为 100° ～ 110°。

③提膝的膝关节向正前方，脚内侧紧贴支撑腿的膝关节。

扣分事项：

①支撑腿膝关节或前脚尖向外或向内。

②大腿和小腿的角度过宽或过窄。

③提膝的脚内侧不紧贴支撑腿膝关节内侧。

④提膝的膝关节向外或向内。

（11）鹤立步。

规定动作：

①支撑脚的前脚尖和膝关节向正前方。

②支撑腿弯曲，大腿和小腿的角度为 100° ～ 110°。

③提膝的膝关节向正前方，脚勾于支撑腿的膝弯处。

扣分事项：

①支撑腿膝关节或前脚尖向外或向内。

②大腿和小腿的角度过宽或过窄。

③提膝的膝关节向外或向内。

3. 格挡

（1）下格挡。

起始动作：

①辅助手自然伸直至胸腹间位置，拳心向下。

②格挡手放在辅助手一侧的肩部，拳心向脸部。手臂放松弯曲轻贴于

胸部。

③双臂的腕关节伸直。

规定动作：

①动作完成后，格挡的手臂与大腿相距两个立拳或一立掌距离。

②格挡手臂在大腿的正前方，拳心向大腿，腕关节伸直。

③辅助手臂随动作过程放松收回，再抱拳于腰。

④肩与正前方自然形成30°。

⑤格挡动作与步法同时结束。

扣分事项：

①格挡手臂的起点没有从肩部开始或拳心向下。

②格挡时辅助手臂没有伸直或手臂过高。

③动作完成后，格挡的手臂在大腿的左侧或右侧。

（2）中内格挡。

起始动作：

①拳握紧于体侧，拳心向外，肘关节放松下垂。

②辅助手臂自然伸直到胸部高度。

③高度的规定是不超过耳根。

规定动作：

①格挡的拳到人体的中心线。

②格挡动作完成后，拳与肩部同高。

③格挡动作完成后，手臂的角度为90°～120°。

④辅助手臂自然回收抱拳于腰。

扣分事项：

①格挡的拳没有到达或超过人体的中心线。

②格挡的高度比肩高或低。

③格挡手臂的腕部没有伸直。

（3）中外格挡（外腕）。

起始动作：

①辅助手臂自然弯曲，拳心向下放于胸前。

②格挡手拳心向上，放于髋关节处。

规定动作：

①格挡手臂从髋关节开始，然后经过肩部时拳心向内。

②动作完成后，格挡手臂的拳心向外。

③格挡手臂的外侧线不能超出肩部的外侧。

④格挡手臂的角度是90°～120°。

⑤辅助手臂自然收回抱拳于腰。

扣分事项：

①格挡的手臂于肩部外侧偏内或偏外。

②格挡的高度不准确。

（4）中外格挡（内腕）。

起始动作：

①辅助手臂自然弯曲，拳心向下放于胸前。

②格挡手拳心向下，放于髋关节处。

规定动作：

①格挡手臂从髋关节开始，然后经过肩部时拳心向外。

②动作完成后，格挡手臂的拳心向内。

③格挡手臂的外侧线不能超出肩部的外侧。

④格挡手臂的角度是90°～120°。

⑤辅助手臂自然收回抱拳于腰。

扣分事项：

①格挡的手臂于肩部外侧偏内或偏外。

②格挡的高度不准确。

（5）上格挡。

起始动作：

①右上格挡时，右臂入在左髋关节外，拳心向上。

②辅助手臂弯曲放在右肩部拳心向外。

规定动作：

①格挡手臂的腕部到人体中心线。

②格挡手臂与前额相隔一拳距离。

③格挡手臂与前额高度相隔一拳距离。

④肘关节轻微弯曲，腕关节伸直。

扣分事项：

①格挡手臂起点动作从丹田或以上位置开始。

②格挡完成后，格挡的手臂形成45°。

（6）双手刀中位格挡。

起始动作：

①左侧手刀格挡时，左手放在中髋关节处，掌心向上。

②辅助的手臂展开120°，手尖与肩部同高，掌心向外，腕部伸直。

规定动作：

①动作完成后，格挡手的掌心向外，腕部伸直。

②格挡手臂的角度是90°～120°。

③格挡的手尖与肩部同高。

④格挡的手刀经过右肩部。

⑤辅助手臂的掌心向上与胸口同高，掌心与胸口间隔是一立掌距离。

扣分事项：

①手刀直接从髋关节格挡。

②手刀起始动作比肩部高或低。

③手刀的手尖比肩部高或低。

④双臂肘关节向外翘起。

（7）单手刀中位格挡。

起始动作：

①左侧手刀格挡时，左手放在中髋关节处，掌心向上。

②辅助的手臂弯曲，握拳放在左肩部，拳心向外。

规定动作：

①动作完成后，格挡手的掌心向外，腕部伸直。

②格挡的手尖与肩部同高，手臂的角度是90°～120°。

③辅助手自然收回抱拳于腰。

扣分事项：

①格挡的手臂肘关节向外翘起。

②格挡的手臂腕关节弯曲。

③格挡的手刀比肩部高或低。

（8）山型格挡。

起始动作：

①左臂从右髋关节处开始，拳心向下。

②右拳心向外与耳部同高，肘关节放松下垂。

规定动作：

①格挡时，交叉格挡要经过面部。

②动作完成后，双臂与身体的角度约为90°，腕部与耳部同高。

扣分事项：

①格挡的高度与角度不准确。

②格挡时不经过面部而直接格挡。

（9）分势山型格挡。

起始动作：

①双拳心向下，双脚开始交叉。

②双拳经过面部时交叉格挡。

规定动作：

①格挡时，交叉格挡要经过面部。

②动作完成后，双臂与身体的角度约为90°，腕部与耳部同高。

扣分事项：

①格挡的高度与角度不准确。

②格挡时不经过面部而直接格挡。

（10）拳或手刀双手格挡。

起始动作：

①双掌或拳向放在胸腹部高度。

②原则上，哪条腿有动作，哪边的手臂放在外面。

③如果是连续交叉格挡的动作，第二动作则与第一动作手臂位置的摆放相反。

规定动作：

①双臂交叉为上臂相交。

②格挡完成后，其标准按各种单个的技术标准评定。

扣分事项：

①相交的手臂放置错误。

②格挡完成后，其技术标准错误。

（11）双手下格挡。

起始动作：

①从髋关节开始。

②原则上，那个腿有动作，那边的手臂放在外面。

③双臂肘关节放松弯曲。

规定动作：

①动作完成后，双臂小臂形成"X"形状，双拳心向左右。

②大腿与手臂交叉点距离为两立拳或一立掌距离。

③肘关节轻微弯曲，腕关节伸直。

扣分事项：

①格挡手臂起点动作从丹田开始或高于髋关节。

②动作完成后向左或向右，过宽或过窄。

③双臂交叉点不是小臂。

（12）外山型格挡。

起始动作：

①一臂做下格挡开始动作，另一臂做内腕外格挡开始动作。

②双臂自然轻贴身体。

规定动作：

①双臂同时快速交叉完成动作。

②动作完成后，内腕外格挡手与身体的角度为90°，腕部与耳部同高。

扣分事项：

①格挡的手臂高度不准确。

②格挡时慢慢进行。

③双臂动作不同步。

（13）金刚格挡。

起始动作：

①一臂以下格挡的起始动作放于肩部，另一臂以上格挡的起始动作放于髋部。

②双臂自然放松贴于身体。

规定动作：

①格挡时全身体用力。

②双臂同时完成格挡动作。

③缓慢格挡技术时，节奏是6～8秒。

扣分事项：

①双臂没有同时同步完成动作。

②动作过于缓慢。

③各格挡手不符合技术动作标准。

（14）单手掌中位内格挡（抵掌）。

起始动作：

①格挡手臂展开120°，手尖与耳部同高，掌心向外，腕部伸直。

②辅助手自然伸直握拳。

规定动作：

腕部伸直，拍击于胸口的人体正中线。

扣分事项：

①格挡的手掌腕部弯曲时，手臂肘关节翘起。

②不是弧线拍击而是直线推击或向下压。

③格挡手掌掌心向下。

4.击

（1）正拳击。

规定动作：

①以攻击方法分类：直拳攻击，反拳攻击，立拳攻击。

②以攻击目标分类：上（人中部位）、中（胸口剑突）、下（下腹部）段攻击。

③以方向分类：侧拳、锤拳、旋转拳、勾拳。

扣分事项：

①腕关节弯曲。

②利用反作用力出拳，动作幅度过大或过少。

（2）直拳侧击。

规定动作：

①攻击的部位是胸口。

②攻击的路线是从髋关节到心胸旋转攻击。

③动作完成后侧击的高度与胸口同高。

扣分事项：

①击打时肘关节翘起。

②动作完成后拳的高度、路线不准确。

③动作完成攻击的部位、高度不准确。

④上身向攻击方向倾斜。

（3）双仰正拳击。

规定动作：

①双拳从双髋关节处开始，拳心向下。

②动作路线是斜上旋转击。

扣分事项：

①起点时拳心向上。

②向下或水平击打。

（4）贯指刺击。

规定动作：

①刺的部位是胸口。

②腕部伸直，手掌立起，五指并拢。

③身体中正，辅助的手背放在进攻手臂的肘关节处，掌心向下。

④攻击手与辅助手同时同步完成动作。

扣分事项：

①动作完成后高度不准确。

②身体重心向前倾斜。

③腕部或手掌向下或向上。

④双手不是同时同步完成动作。

5. 打

（1）背拳前击。

规定动作：

①从髋关节开始，拳心向下。

②经过下颌，高度是人中，腕部要伸直。

③攻击手贴于身体。

扣分事项：

①从胸口开始。

②高度不准确。

③攻击手不是贴近身体。

（2）背拳侧击。

规定动作：

①从肩部开始，拳心向内。

②攻击路线是直线攻击。

扣分事项：

①从胸口开始。

②肘关节向上翘起。

（3）下锤拳。

规定动作：

①从髋关节开始，拳心向下。

②攻击的拳经过前额。

③动作完成后拳心向左或向右。

扣分事项：

①从胸口开始。

②高度不准确。

③锤拳从侧面攻打。

（4）双肘侧击。

规定动作：

①双拳拳心向下，手臂左右交叉，动作向哪个方向移动，哪边的手臂在外。

②手臂与胸口同高。

③动作完成后，肘关节与胸口同高。

④拳和拳间隔三拳距离。

扣分事项：

①手臂在胸口交叉。

②动作完成后，肘关节比胸口高或低。

③拳和拳间相隔过宽或过窄。

（5）旋肘前击。

规定动作：

①攻击手臂的拳从髋关节开始，拳心向下。

②辅助手臂放松伸直。

③攻击路线是向斜上45°。

④动作完成后，辅助手掌心顶于攻击肘拳面，手指伸直或收回抱拳。

扣分事项：

①起点时从胸口开始。

②攻击的肘过左或过右。

（6）横肘拍击。

规定动作：

①攻击手臂的拳从髋关节开始。

②辅助手臂轻握拳放松伸直。

③攻击路线为横向击打，攻击肘至目标时，辅助手同时张开拍击于掌心。

④动作完成后，肘尖拍击于辅助手掌心，手指伸直。

扣分事项：

①起点时从胸口开始。

②辅助手的拳过早张开。

③拍击后手指没有伸直。

6.踢

（1）前踢。

规定动作：

①在标准的准备动作下，后腿的小腿放松夹紧，膝关节向正前方提起至胸腹间。

②绷直脚背，勾起脚趾，直线以前脚掌踢击。

③前踢时，双拳抬起放在胸口，身体中正，支撑腿伸直。

④前踢腿法完成后迅速收小腿，保持膝关节高度后再迅速收腿。

⑤前踢的标准高度是头部。

扣分事项：

①踢腿像抬腿。

②踢腿时脚尖没有勾起。

③踢腿后不收回小腿而是直接落地。

（2）横踢（旋踢）。

规定动作：

①在标准的准备动作下，后腿的小腿放松夹紧，膝关节向正前方提起至胸腹间。

②踢腿时小腿向正前方成45°。

③踢腿时，双拳抬起放在胸口，身体中正，支撑腿伸直。

④踢腿的高度为头部，视线从攻击腿侧肩部向上望，勾起脚趾以前脚掌踢击。

⑤前踢腿法完成后迅速收小腿，保持膝关节高度后再迅速收腿。

扣分事项：

①踢腿像抬腿。

②踢腿时脚尖没有勾起。

③踢腿后不收回小腿而是直接落地。

（3）侧踢。

规定动作：

①在标准的准备动作下，后腿的小腿放松夹紧，提膝到胸腹高度，脚跟

对准目标。

②身体中正，支撑腿伸直。

③踢腿时脚后跟、髋关节、肩部和头部在同一平面上，脚趾斜指地面。

④踢腿时双拳放在胸口，侧踢的高度是头部。

⑤侧踢腿法完成后迅速收腿，回到原位。

扣分事项：

①踢腿像抬腿。

②踢腿时踝关节伸直或仅轻微弯曲。

③重心不稳定。

④踢腿后不收回，大腿直接向下落地。

七、各竞赛品势的主要数据

品势	线路	动作数	腿法	品势	线路	动作数	腿法
太极一章	乾	18	前踢2个	高丽		30	前踢4个，侧踢4个
太极二章	兑	18	前踢5个	金刚		27	无腿法，马步14个
太极三章	离	20	前踢6个	太白		26	前踢4个，侧踢2个
太极四章	震	20	前踢4个，侧踢2个	平原		21	前踢2个，侧踢4个
太极五章	巽	20	前踢4个，侧踢2个	十进		28	前踢3个
太极六章	坎	19	前踢6个，旋踢2个	地跆			
太极七章	艮	25	前踢2个，旋踢2个	天拳		27	前踢1个，侧踢1个，旋踢1个
太极八章	坤	27	前踢7个	汉水4		27	前踢2个，侧踢2个，旋踢2个

附录三　跆拳道竞赛规则（竞技）

第一条　总则

（1）《跆拳道竞赛规则（竞技）》（以下简称本规则）依据世界跆拳道联盟（WTF）（以下简称世跆联）所颁布的竞赛规则及解释，结合中国跆拳道运动发展的实际情况所制订。

（2）本规则是中国跆拳道协会（以下简称中国跆协）及其所属团体会员在中国境内主办或组织的所有跆拳道竞赛所使用的统一规则，目的是保证竞赛公平顺利进行，并确保本规则在竞赛中得到执行和应用。

（注释1）

本规则的核心条款和内容全部依据世跆联所颁布的最新竞赛规则及解释，部分条款结合中国跆拳道运动发展的实际情况及国内竞赛工作的任务与目的等进行了补充和完善。

（注释2）

第一节的目的是保证全国范围内的跆拳道竞赛规范化，所有不符合此基本规则的竞赛均不被视为跆拳道竞赛。

（注释3）

以下使用"注释"和"解释"的内容是对有关条款的内涵和本质定义进行说明。当教练员、运动员和裁判员对本规则的认识和解释产生分歧时，裁判员具有最终解释权。

第二条　适用范围

本规则适用于中国跆协及其所属团体会员在中国地区举办的各级、各类跆拳道竞赛。如需改动有关条款，须经中国跆协批准。

（解释1）

须经中国跆协批准：任何团体会员需更改本规则的某条款，必须在规定比赛时间的1个月之前将更改内容及其理由报请中国跆协审批。

（解释2）

体重级别；裁判员人数；检查台、记录台、临场医务台人员；比赛时间等条款内容，可经中国跆协批准后更改，但"有效得分""警告""扣分""比赛场地"等条款在任何情况下不得更改。

第三条　比赛区

比赛场馆至少应有 2000 个座位，场馆地面面积至少为 40 米×60 米，能给观众和运动员提供最佳的视觉和听觉效果。场馆地面到天花板的高度应在 10 米以上。场馆内照明应在 1500 至 1800 勒克斯之间，由场馆顶部直接照射到比赛场地。

比赛区应为 8 米×8 米、水平、无障碍物、正方形的场地，或由中国跆协批准使用的其他规格的比赛场地。

比赛区应铺设中国跆协监制或指定的专用比赛垫。必要时，比赛区可根据实际需要置于一定高度的平台上。为保证运动员的安全，比赛台与地面的高度应为 0.6～1 米，比赛台场地边界线外应有与地面夹角小于 30°的斜坡（图 1）。

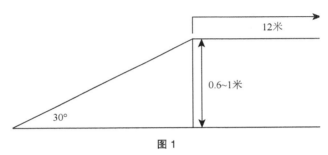

图 1

1. 比赛区的划分

（1）8 米×8 米的区域称为比赛区，用蓝色标注。

（2）比赛区的外缘线称为边界线。

（3）比赛记录台和临场医务台面对比赛区的边缘线为第一边界线，顺时针旋转依次为第二、第三、第四边界线。

（4）边界线以外需铺设比赛垫，保护运动员的安全；尺寸大小可根据比赛的实际情况确定，宽度为 1～2 米，边界线外的保护区用红色或黄色标注。

2. 位置（见图 2）

（1）主裁判员位置：距离比赛区中心点向第三边界线方向 1.5 米处。

（2）边裁判员位置：1 号裁判员在第一、第二边界线夹角，面向比赛区中心点向后 0.5 米处；2 号边裁判员在第二、第三边界线夹角，面向比赛场地中心点向外 0.5 米处；3 号边裁判员在第三、第四边界线夹角，面向比赛场地中心点向外 0.5 米处；4 号边裁判员在第四、第一边界线夹角，面向比赛场地中心点向外 0.5 米处。

如果比赛设 3 名边裁判员，1 号边裁判员在第一、第二边界线夹角，面向比赛区中心点向后 0.5 米处；2 号边裁判员的位置在第三边界线中心点外 0.5 米处，正对比赛场地中心；3 号边裁判员在第四、第一边界线夹角，面向比赛区中心点向后 0.5 米处。

（3）记录台位置：置于第一边界线向后至少 2 米处，面向比赛场地，并距离第一、第二边界线夹角 2 米。

（4）医务台位置：置于第一边界线右侧向外至少 3 米处。

（5）运动员位置：运动员的位置是相对的 2 点，距离比赛区域中心点各 1 米，距离第一边界线 4 米处（青方距离第二边界线 3 米，红方距离第四边界线 3 米）。

（6）教练员位置：位于本方运动员一侧的边界线中心点向后 1 米处；比赛期间，教练员不得离开指定的 1 米×1 米的教练员指定区域。

（7）检查（检录）台位置：检查（检录）台位于比赛场地入口处附近。

3. 赛场环境

（1）为参赛运动员提供适当面积的热身区域和检录区域。

（2）比赛场地的高度、照度、温度和湿度适于运动员进行比赛。

（3）具备必要的医疗救护设施和措施。

（4）提供比赛所需的比赛景观和体育展示及其他环境和设施。

（解释 1）

比赛区域应铺设有弹性、平整的由中国跆协监制或指定的专用比赛垫。颜色搭配必须避免刺眼或引起运动员、观众视觉的疲劳，应与运动员的护具、服装、垫子表面颜色协调一致。

（解释 2）

比赛区：应是 8 米×8 米的正方形，环绕比赛区域应有至少 2 米宽的安全区域。因此，一片比赛场地的面积至少为 12 米×12 米。

（解释 3）

录像审议用摄像机的位置：3 台摄像机的情况下，如图 2 所示，2 台摄像机摆放在 2 号边裁判员两侧边角外 1 米位置，1 台摄像机摆放在 2 号边裁判员斜前方边界线外 1 米位置。

比赛台应按照图 2 和图 3 搭建。

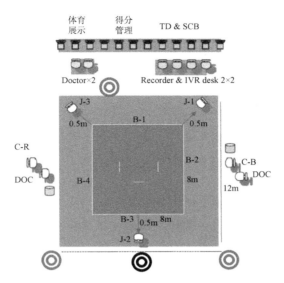

B-1—B-4：边线 1-4；R：主裁判员；C-R：红方教练；C-B：青方教练；DOC：随队队医；
Doctor：医务监督；Recoder & IVR：录像审议委员；TD&CSB：技术代表和仲裁委员会；
J-1—J-3：边裁判员

图2　单独比赛场地

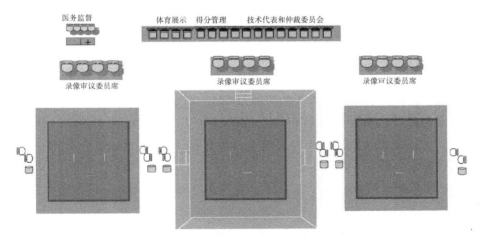

图3　完整比赛场地

（解释4）

检查台：在检查台，裁判员需检查运动员所穿戴的护具装备是否经中国跆协认可，尺寸大小、穿戴松紧程度等是否合适，如不合适，则要求运动员更

换合适的护具。

（执裁指导）

裁判员必须充分理解"比赛区"的定义并在比赛中掌握好尺度，避免过多中断比赛。

第四条　运动员和教练员

1. 运动员资格

运动员必须同时具备以下条件，方可参加中国跆协所举办的赛事。

（1）必须是中国跆协的个人会员，其代表的参赛运动队属于在中国跆协注册的团体会员。

（2）当年度在中国跆协登记注册有效。

（3）持有中国跆协颁发、或经中国跆协推荐获得国技院/世跆联颁发的相应段位、级位证书。

（4）参加青少年比赛的运动员年龄符合中国跆协颁布的竞赛规程的规定。

（5）无违反《跆拳道竞赛纪律处罚条例》的行为。

（6）参加中国跆协各级团体会员和地方协会举办的比赛必须符合当地协会的各项规定和要求。

（解释1）

参赛资格：参赛运动员必须是中国跆协的个人会员，并只能代表在中国跆协注册的某一个团体会员单位参赛。依据是当年在中国跆协进行年度注册的注册文件和相应证明。

（注释1）

通常全国青年锦标赛的年龄限制为14～17周岁，以比赛当年的年份计，不按日期计算。例如，比赛日期为2004年9月9日，出生日期为1987年1月1日—1990年12月31日期间的运动员有资格参加比赛。

2. 教练员资格

教练员必须同时具备以下条件，方可在中国跆协所举办的赛事中担任教练员。

（1）必须是中国跆协的个人会员，其代表的参赛运动队属于在中国跆协注册的团体会员。

（2）持有中国跆协颁发的教练员资格证书，并通过中国跆协当年的年度审核。

（3）持有中国跆协颁发、或经中国跆协推荐获得国技院/世跆联颁发的相应段位证书。

（4）参加并通过中国跆协举办的教练员培训班的考核。

（5）参加中国跆协各级团体会员、地方协会举办的比赛必须符合当地协会的各项规定和要求。

3.比赛服装和护具

（1）运动员穿着和佩戴的道服和护具必须由中国跆协指定或认可。

（2）运动员比赛时须佩戴：护具、头盔、护裆、护臂、护腿、护齿、手套、感应脚套（使用电子护具的情况）。其中护裆、护臂、护腿应穿戴在道服内；除了头盔，头部不得佩戴其他物品。与宗教信仰相关的物品，应提前获得许可并佩戴在头盔或道服内。

（3）跆拳道比赛道服、护具及其他装备的具体要求应分别指定。

（4）教练员在赛场执教时，必须穿着规范的运动服、运动鞋。严禁穿着与比赛不相适应的衣着入场执教。

（5）赛事组委会应根据所需比赛装备的数量，负责准备比赛所需装备。

（解释2）

护具的大小和运动员的级别相对应。同一级别的运动员穿戴相同尺寸的护具参加比赛。

（解释3）

护齿：护齿的颜色只能是白色或透明的。如果有医生诊断证明使用护齿会对运动员造成伤害，该名运动员可不戴护齿。

4.药物控制

（1）在由中国跆协举办和认可的各类跆拳道比赛中，禁止携带、使用和提供国际奥委会（IOC）禁用的药品和使用禁用的方法。

（2）中国跆协有责任委托中国奥委会反兴奋剂委员会随时对运动员进行药检。

（3）赛事组委会必须无条件配合药检工作。

（4）任何拒绝药检或药检证明违反有关规定者，取消其比赛成绩，比赛成绩按顺序递补。同时，按《中国跆拳道协会兴奋剂违规处罚办法》予以处罚。

5.责任与义务

（1）比赛中发生伤害和死亡事故时，不得向主办方、组织方、对方运动员追究责任。过失行为导致的事故应追究过失方的责任。

（2）各级各类跆拳道竞赛应当统一为运动员办理跆拳道专项保险。

第五条　体重级别

1.体重分为男、女级别

2.体重分级

（1）成年跆拳道锦标赛、冠军赛：

男　子	女　子
54 公斤以下	46 公斤以下
54 公斤～58 公斤	46 公斤～49 公斤
58 公斤～63 公斤	49 公斤～53 公斤
63 公斤～68 公斤	53 公斤～57 公斤
68 公斤～74 公斤	57 公斤～62 公斤
74 公斤～80 公斤	62 公斤～67 公斤
80 公斤～87 公斤	67 公斤～73 公斤
87 公斤以上	73 公斤以上

（2）奥运会、全运会：

男　子	女　子
58 公斤以下	49 公斤以下
58 公斤～68 公斤	49 公斤～57 公斤
68 公斤～80 公斤	57 公斤～67 公斤
80 公斤以上	67 公斤以上

（3）青年奥运会：

男　子	女　子
48 公斤以下	44 公斤以下
48 公斤～55 公斤	44 公斤～49 公斤
55 公斤～63 公斤	49 公斤～55 公斤
63 公斤～73 公斤	55 公斤～63 公斤
73 公斤以上	63 公斤以上

（4）世界青年锦标赛、全国青年锦标赛：

男　子	女　子
45公斤以下	42公斤以下
45公斤～48公斤	42公斤～44公斤
48公斤～51公斤	44公斤～46公斤
51公斤～55公斤	46公斤～49公斤
55公斤～59公斤	49公斤～52公斤
59公斤～63公斤	52公斤～55公斤
63公斤～68公斤	55公斤～59公斤
68公斤～73公斤	59公斤～63公斤
73公斤～78公斤	63公斤～68公斤
78公斤以上	68公斤以上

青少年比赛的级别设置，在保证安全的基础上，可根据实际情况进行调整，并由赛事组委会报请中国跆协认可。

（注释）

——跆拳道竞赛是运动员通过直接身体接触、身体对抗决定胜负的项目。为了保护运动员的安全，同时使运动员在公平竞争的条件下使用技术，设置了体重分级体系。

——男、女运动员分别在各自的性别和级别组进行比赛，这是最基本的原则。

——根据实际参赛情况，必要时可取消或合并比赛级别。

（解释1）

"以上"和"以下"的界定：

称量体重的精确程度以小数点之后的百分位为测量标准。例如：50公斤以下级的称量标准，49.99公斤、50.00公斤、50.009公斤均为合格，50.01公斤为不合格。

50公斤以上级的称量标准，49.99公斤为不合格，体重从50.01公斤起为合格，以此类推。

第六条　比赛的种类和方法

1.比赛种类

（1）个人赛。

个人赛一般在相同体重级别的运动员之间进行；运动员在1次赛事中只允许参加1个级别的比赛。

（2）团体赛。

①按体重级别进行5人制团体赛，级别如下：

男 子	女 子
54公斤以下	47公斤以下
54公斤～63公斤	47公斤～54公斤
63公斤～72公斤	54公斤～61公斤
72公斤～82公斤	61公斤～68公斤
82公斤以上	68公斤以上

②按体重级别进行8人制团体赛。

③按体重级别进行4人制团体赛（将8个体重级别中相邻2个级别合并成为4个级别）。

2. 比赛方式

（1）单败淘汰赛。

（2）复活赛。

（3）循环赛或其他赛制。

（4）包括全运会在内的综合性运动会的跆拳道比赛一般采用个人赛制。

（5）国内举行的所有跆拳道比赛，参赛运动队不能少于4支队伍，每个级别的参赛运动员不能少于4人，少于4人的参赛级别比赛成绩无效。

（解释1）

在锦标赛体系中，竞赛以个人为基础，团体名次根据个人成绩进行综合积分统计来决定。

3. 积分方法

（1）团体名次应根据如下条款由总分决定：

—— 称重合格后，每1名上场比赛的运动员获得基础分1分。

—— 每赢得1场比赛加1分（包括轮空场次）。

—— 每1枚金牌加7分。

—— 每1枚银牌加3分。

—— 每1枚铜牌加1分。

（2）如两支参赛队积分相同，先后名次按以下办法排列：

①按各队获得的金、银、铜牌数顺序。

②参赛运动员人数顺序。

③大级别获得分数多者顺序。

（3）在团体赛中，每场团体赛的结果由单一参赛队成绩决定。

（4）8个体重级别模式：

在8个级别的团体赛中，获胜5场以上为胜方。如果因两队平局不能确定先后名次（4比4），则各队选派1名同级别的代表进行加赛，此时的上场运动员不能为替补。

（5）在上述模式中，如果某一队在全部比赛结束之前就已经因获胜场数多而获胜，原则上剩下的比赛仍须进行。如失败的一方希望放弃剩下的比赛，比赛结果不按累计积分计算而视为"失去比赛资格败"（以下简称"失格败"）。

第七条　比赛时间

比赛时间是指每场比赛为3局，每局比赛2分钟，局间休息1分钟；比赛时间和比赛局数也可根据实际情况做相应调整，由比赛技术代表决定调整为每局比赛1分钟或1分半钟，或调整为每场比赛设2局。

（注释）

可根据特殊需要对局数、比赛时间及休息时间进行调整，但每局比赛（包括加时赛）2分钟的时间规定原则上不能改动。

第八条　技术会议与抽签

1.技术会议

（1）比赛开始的前1天或2天召开由技术官员、各参赛队领队及教练员参加的技术会议。

（2）技术会议中，由技术代表或其他技术官员就比赛相关技术事宜进行说明，并主持抽签工作。

2.抽签

（1）抽签方式包括电脑抽签和人工抽签。

（2）抽签的方法和顺序由技术代表决定。

（3）技术代表或其指定人员代替未出席技术会议的参赛队进行抽签；

（4）抽签结果由技术代表签字确认，确认后不得变更。

（注释1）

技术会议上所公布的内容及决定的事项必须符合本规则的规定，和竞赛

规则具有同等法律效力。

第九条 称重

1. 称重方式

（1）按级别于比赛日的前1天进行称重。

（2）所有级别于第一比赛日前1天进行称重。

（3）称重时间和地点由赛事组委会决定。称重必须在2小时内完成。如称重不合格，在1小时内有1次补称机会。

（4）称重时，男运动员着内裤，女运动员着内裤、胸衣。如运动员要求，允许裸体称重。

（5）赛事组委会应提供试称用的体重秤（误差不得超过0.01公斤），放置于运动员驻地或训练场馆。

（6）运动员须持有效参赛证件参加称重，否则按称重不合格计。

2. 监督与确认

（1）称重的各个环节须由裁判员和赛事组委会指定的工作人员共同执行。如有必要，可由参赛队代表进行监督。

（2）称重结果须经技术代表或指定技术官员签字确认，确认后不得更改。

（解释1）

—— 比赛当日的参赛选手：比赛当日的参赛选手是指按赛事组委会或中国跆协排定的比赛日程，在预定日期进行比赛的参赛选手。

—— 比赛前一天：称重时间由赛事组委会确定并在技术会议上通知参赛队赛前一天称重，称重时间不超过2小。

（解释2）

男、女子称重地点应分开，并分别由男女技术官员负责进行。

（解释3）

正式称重不合格：如果运动员正式称重不合格，不能获得基础分。

（解释4）

试称用的体重秤必须与正式的体重秤型号相同，并具有相同的精确度，在赛前由赛事组委会核对无误。

第十条 比赛程序

1. 检录

比赛开始前30分钟，检录处开始检录，宣告该场参赛运动员名字3次，运动员在规定时间持有效参赛证件到检录区进行身份确认，穿戴并测试护具，等候赛前检查。

2. 检查

检录后，运动员、教练员及队医必须接受包括至少 1 名裁判员在内的技术官员对其进行身体、服装、护具及用品的检查。检查合格后，在指定区域等候带领入场。

（注释 1）

运动员、教练员及队医不得携带任何可能造成伤害的物品进入比赛场地，并不得有任何不服从检查的态度或行为。

（注释 2）

除非有赛事组委会医务监督的证明，运动员不得使用任何脚部包裹物。

3. 点名

入场前 3 分钟开始点名，每分钟点名 1 次，共点名 3 次。如比赛开始后 1 分钟仍未到场者，按弃权论。

4. 入场

点名后，运动员和 1 名教练员进入比赛场地指定位置，并允许 1 名队医同时入场。

5. 比赛开始和结束

（1）每场比赛开始前，主裁判员给出"青"（chung），"红"（hong）的口令，示意双方运动员进入比赛区；如果在主裁判员发出"chung、hong"口令示意运动员进场时，有一方参赛运动员没有出现，或者仍在教练员区域没有做好比赛准备，包括佩戴保护装备、穿戴道服等，该名运动员将被视为退出比赛，主裁判员应宣布对方获胜。

（2）双方运动员相向站立，听到主裁判员发出"立正"（cha ryeot）和"敬礼"（kyeong rye）的口令时互相敬礼。敬礼时自然站立，左臂紧夹头盔，腰部前屈不小于 30°，头部前屈不小于 45°。敬礼完毕后，运动员戴上头盔。

（3）主裁判员发出"准备"（joon bi）和"开始"（shi jak）口令开始比赛。

（4）每局比赛由主裁判员发出"开始"（shi jak）口令开始，发出"停"（keu man）口令结束。即使主裁判员没有发出"停"（keu man）的口令，比赛仍将按照规定的时间结束。

（5）最后 1 局比赛结束后，运动员相向站在各自指定位置脱下头盔并用左臂夹紧。主裁判员发出"立正"（cha ryeot）、"敬礼"（kyeong rye）口令时，运动员相互敬礼，等待主裁判员宣判比赛结果。

（6）主裁判员举起获胜方一侧的手臂，面向记录台宣判。

（7）双方运动员退场。

6.团体赛程序

（1）2个参赛队的所有运动员在指定位置相向站立，按边界线方向顺序排列。

（2）比赛开始前和结束后的程序按第十节第5款规定进行。

（3）双方运动员需到比赛场外指定位置等候上场。

（4）比赛全部结束后，双方运动员进场相向列队站立。

（5）主裁判员宣判比赛结果后，双方运动员退场。

（解释1）

随运动员入场比赛的队医必须持有效的队医执照或证件，教练员不允许替代队医入场。

（注释1）

比赛使用电子护具的情况下，在检录检查区应检查电子护具系统和双方运动员佩戴的感应脚套是否能正常使用。

第十一条　允许使用的技术、允许攻击的部位

1.允许使用的技术

（1）拳的技术：紧握拳并使用正拳进行正面攻击的技术。

（2）脚的技术：使用踝关节以下脚的部位进行攻击的技术。

（解释1）

正拳：跆拳道传统技术中，"正拳"（pa run ju mok）就是使用紧握的拳正面、迅速、有力地直线攻击对方躯干正面的技术。

（解释2）

脚的技术：使用踝关节以下脚的部位所进行的攻击技术是合法的技术，使用踝关节以上腿的部位，如小腿、膝关节等所进行的任何攻击是被禁止的。使用电子护具的比赛，电子脚套的感应部位由世界跆拳道联盟决定。

2.允许攻击的部位

（1）躯干：允许使用拳和脚的技术击打被护具包裹的躯干部位，禁止攻击后背脊柱。

（2）头部：允许使用脚的技术击打锁骨以上的部位。

（解释3）

护具：被护具包裹的腋窝与髋关节之间的部位是允许被攻击的合法部位。

基于此，运动员比赛时须穿戴与其体重级别相对应的护具。同一级别的双方运动员应穿戴同一型号的护具；若因运动员体型差异大，需穿戴不同型号的护具，须先经技术代表批准。

（解释4）

头部和躯干：如图4所示，锁骨以上的所有部位为头部；髋关节以上、锁骨以下的部位为躯干。

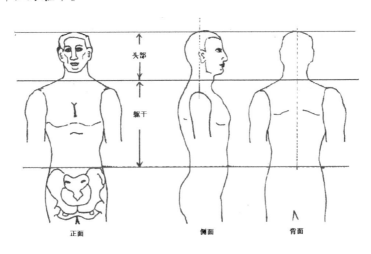

图4　得分部位：头部和躯干

（解释5）

允许拳击打的部位：（配护具图）为保护运动员人身安全，拳的技术只允许击打护具包裹部位中灰色以下部分。

第十二条　得分

1. 使用允许的技术，准确、有力地击中得分部位时得分。

（解释1）

"准确"：合法的攻击技术完全或最大限度地接触对方运动员允许被合法攻击的目标范围之内。

（解释2）

"有力"：人工计分时，由边裁判员对击打力度进行判定；使用电子感应护具时，由电子感应护具中的电子感应器测量击打力度，根据体重级别、性别差异设定不同的力度标准。

2. 得分部位

（1）躯干：护具上蓝色或红色部分覆盖的躯干部位（见图5）。

（2）头部：锁骨以上的头颈部位（包括颈部、双耳和后脑在内的整个头部）。

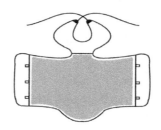

图5　得分部位：躯干

3. 分值

（1）击中躯干计1分。

（2）旋转踢技术击中躯干计2分。

（3）击中头部计3分；（主裁判员读秒不追加分）

（4）旋转踢技术击中头部计4分。

（5）一方运动员每被判2次"警告"或1次"扣分"，另一方运动员得1分。

（执裁指导1）

击头得分的尺度：运动员脚的任何部位接触对方的头部，将被视为击头得分有效。

（执裁指导2）

——读秒的执裁尺度：运动员被击倒时，主裁判员应及时发出"分开"的口令检查该运动员的状态，然后判断是否读秒。

——"击倒"的尺度见本规则第17条。

（6）比分为3局比赛得分的总和。

（7）得分无效：运动员因使用犯规行为得分时，所得分数视为无效。

（解释3）

使用不合法的技术或犯规行为得分，该得分无效，这是一条基本原则。在此情况下，主裁判员必须通过手势示意减去无效得分并给予犯规的运动员相应判罚。

（执裁指导3）

得分无效时，主裁判员应立即发出"暂停"口令，首先通过手势示意记录台减去无效得分，然后给予犯规的运动员相应判罚。

第十三条 计分和公布

（1）得分应立即计分并公布。

（注释1）

计分应遵循即时记分，也可称作"1秒钟"原则，4名边裁判员当中的3名以上在1秒钟之内对合法得分技术确认，即可以产生1个有效分。这是一条基本原则，无论采用什么计分方法均必须遵守此原则。

根据比赛的实际情况，也可采取3名边裁判员执裁，其中2名以上记分有效的方式。

（解释1）

即时记分：意味着得分技术一出现应立即记分，延误一段时间之后再记分视为无效。

（解释2）

立即记录并公布：边裁判员的记分应立即公布在记分牌或显示屏上。

（2）使用普通护具时由边裁判员使用电子记分器或计分表记录有效得分。

（解释3）

使用普通护具时：

—— 所有有效得分（包括1分、2分、3分和4分），只能由边裁判员记录。

—— 所有记分必须由边裁判员独立判断，并通过电子仪器将得分即时显示在记分牌上予以公布。如果无法使用电子仪器，边裁判员必须立即将得分记录在计分表上，并在1局比赛后公布。

（3）使用电子感应护具。

①躯干部位的有效得分，由电子感应护具中的感应器自动计分；当运动员使用有效的旋转技术时，"有效的力度得分"将由电子护具感应器自动计分，"有效的旋转技术分"将由边裁判员作出判断并记分。

②头部的有效得分和拳的有效得分，由边裁判员使用电子记分器或计分表即时记分。有效的旋转技术击头得分，旋转技术分由边裁判员作出判断并记分。

（解释4）

比赛使用电子护具，旋转技术有效击中对手护具，电子护具自动记1分，边裁判员同时确认旋转技术得1分；若同样情况，电子护具未记分，边裁判员是否记旋转分，得分都无效。

（注释2）

为提高竞技能力并确保公平的比赛结果，比赛中所使用的电子感应护具必须符合中国跆协所颁布的有关技术要求和标准。

（4）用电子记分器或计分表记分时，必须有3名或3名以上的边裁判员即时记分方为有效。比赛设3名边裁判员的情况，有效得分应由2名或2名以上边裁判员即时记分方为有效。

（执裁指导）

使用任何一种计分系统，边裁判员应遵守即时记分的原则，1局比赛结束时再记分不符合本规则的规定，属于违反规则的行为。

（5）在中国跆协主办的各类跆拳道比赛中，须使用中国跆协监制或认可的电子计分系统，包括电子记分器、电子记录台，电子显示屏等。

第十四条　犯规行为

（1）比赛过程中所出现的犯规行为，由场上的主裁判员执行判罚。

（2）判罚分为"警告"（kyong go）和"扣分"（gam jeom）。

（3）2次"警告"应给对方运动员加1分，最后1次奇数警告不计入总分。

（4）1次"扣分"应给对方运动员加1分。

（5）犯规行为的判罚：

以下犯规行为将被判罚"警告"：

①双脚越出边界线；②回避或拖延比赛；③倒地；④抓、搂抱或推对方运动员；⑤故意攻击对方运动员腰以下部位；⑥用膝部顶撞或攻击对方运动员；⑦用手攻击对方运动员头部；⑧教练员或运动员有任何不良言行；⑨提膝阻碍对方运动员的攻击；⑩运动员提示本方教练员申请录像审议。

以下犯规行为将被判罚"扣分"：

①主裁判员发出"分开"（kal yeo）口令后攻击对方运动员；②攻击已倒地的对方运动员；③抓住对方运动员进攻的脚将其摔倒，或用手推倒对方运动员；④故意用手攻击对方运动员头部；⑤恶意攻击对方运动员腰以下部位；⑥教练员或运动员打断比赛进程；⑦教练员或运动员使用过激言语、出现严重违反体育道德的行为；⑧故意回避比赛；⑨若比赛使用电子护具，每局比赛开始前，主裁判员应该检查双方运动员的电子护具和感应脚套，观察运动员是否有任何操纵电子计分系统，增加感应脚套敏感性或其他违规方式的企图；如发现故意违规操纵的行为，主裁判员保留给予该名违规运动员"扣分"判罚的权利，同时，根据运动员违规的严重程度，主裁判员也保留判罚该名违规运动员犯规败的权利。

（6）运动员违背竞赛规则或故意不服从主裁判员时，主裁判员可计时1

分钟后直接判其"失格败"。

（7）运动员被判罚"警告"和"扣分"累计达 4 分时，主裁判员判其"犯规败"。

（8）"警告"和"扣分"次数按 3 局比赛累计。

（9）主裁判员中断比赛，下达"警告"或"扣分"口令时，比赛时间在主裁判员发出"暂停"（shi gan）口令的同时暂停，直到主裁判员发出"继续"（kye sok）口令，比赛继续进行。

（注释 1）

制订犯规条款，禁止犯规行为的目的和意义：

①保护运动员的安全。

②确保公平竞赛。

③鼓励运动员使用恰当的或完美的技术。

（解释 1）

2 个"警告"给对方运动员加 1 分，但是，最后奇数次"警告"不被计入最后得分。

无论犯规行为是否相同，也无论犯规行为出现在哪一局，被判罚 2 个"警告"均给对方运动员加 1 分。

（解释 2）

运动员被判罚 1 次"警告"的犯规行为的种类及其在比赛中的表现是：

①双脚越出边界线：

双脚越出边界线的垂直平面即被视为"出界"。此时，主裁判员将判给犯规运动员 1 次"警告"。当"出界"是因为对方运动员使用犯规行为造成时，不属于"出界"，主裁判员有权对犯规运动员进行判罚。

如果"出界"行为在时间上有先后之分，则先"出界"的运动员属于犯规，应被判罚 1 次"警告"。

②回避或拖延比赛：

运动员无意进攻而回避比赛，判罚将给予更加消极或持续后退的一方。若双方运动员均回避比赛，则同时给予双方运动员"警告"判罚。但主裁判员应区分故意回避和战略防守，以战略防守为目的的技术动作将不给予判罚。

主裁判员避免比赛处于消极状态的具体做法是：如果双方运动员在 5 秒钟后仍对峙不攻，处于消极状态，主裁判员可给出"进攻"的口令，出现下列情况时主裁判员将给予"警告"判罚：

——主裁判员发出"进攻"口令后，双方运动员仍然消极对峙，没有进攻动作的情况持续 10 秒。

——主裁判员发出"进攻"口令后，一方运动员从原来的位置向后退或明显处于被动状态的情况持续 10 秒。

转身逃避对方运动员的进攻违背了公平竞赛精神，并容易导致严重的伤害事故。同样，因逃避对方运动员的进攻而蜷伏或弯腰至腰部水平线以下，将被给予"警告"判罚。

③伪装受伤：

目的是对运动员在比赛过程中缺乏公平竞赛精神的行为予以判罚，包括为了表示对方运动员的动作是犯规行为而夸大受伤程度或假装身体某一部位因击打而疼痛，或为了拖延比赛时间而夸大受伤程度。在此情况下，主裁判员应对运动员发出 2 次继续比赛的命令，每 5 秒钟 1 次，如运动员仍不服从命令，则予以"警告"判罚。

运动员无正当理由故意要求主裁判员暂停比赛，将予以"警告"判罚（例如：要求暂停以调整护臂或护膝拖延比赛时间）。

④倒地：

运动员倒地应立即予以"警告"判罚。如果一方运动员因对方运动员的犯规行为而倒地，不应予以判罚，而应判罚对方运动员；因一方运动员使用技术动作导致对方运动员倒地，此行为重复出现应予以倒地运动员判罚；因技术动作的连续变换或因失去重心滑倒，此行为重复出现应予以判罚。

⑤抓、搂抱或推对方运动员：

"抓"，包括用手抓住对方运动员的道服、护具或身体任何部位，或用前臂勾住对方运动员的脚或腿；"搂抱"，包括用手或手臂压住对方运动员的肩膀或夹住其腋窝，或用手臂搂抱对方运动员的躯干；"推"，包括用手掌、肘、肩、躯干或头等部位推开对方运动员使其失去平衡以有利于自己攻击，或推开对方运动员以阻碍其正常使用技术动作。当上述情况出现时，主裁判员将给予"警告"判罚。

⑥故意攻击对方运动员腰以下部位：

为了阻碍或干扰对方运动员正常使用技术动作，使用强有力的踢击或蹬踏动作攻击其大腿、膝关节或小腿任何部位，应被判罚"警告"。若攻击腰以下部位的动作是因为承受者（被攻击者）自身造成或发生在技术动作转换过程中，不属于此条款规定的内容。

⑦用膝部顶撞或攻击对方运动员：

主要指在近距离时故意用膝部顶撞或攻击对方运动员。但是，以下两种情况不在判罚之列：

——当使用合法的攻击技术时，对方运动员突然移动或前冲靠近。

——非故意的或因进攻距离不合适所造成的。

⑧用手攻击对方运动员头部：

"手"的概念是指：包括用手（拳）、腕、小臂、肘关节等击打对方运动员头部。但是，由于对方运动员的不经意动作，比如过分低头或随意转身而引起的情况，不在判罚之列。

⑨教练员或运动员有任何不良言行：

"不良行为"包括运动员或教练不符合体育运动精神或跆拳道精神的行为或态度。具体体现如下：

——任何妨碍比赛进程的行为。

——以不合法途径对裁判员的判决表示抗议或指责竞赛官员。

——用身体动作或行为动作侮辱对方运动员或教练员。

——教练员使用过激的言语和执教动作。

——任何与比赛无关或不受欢迎的行为，或超出比赛本身所能接受范围的行为。

此条款参考"扣分"判罚第6款可合并予以判罚。主裁判员根据情况对上述行为进行独立判罚。如在比赛间歇中出现不良行为，主裁判员可立即予以判罚并记入下一局比赛的计分中。

比赛进行中，如果教练员离开1米×1米的教练员规定区域，该名教练员将会被判罚"警告"。

⑩提膝超过腰部：

提膝超过腰部故意格挡、阻碍、干扰对方1次进攻的行为，应被判罚"警告"。

（解释3）

运动员被判罚1次"扣分"的犯规行为的种类及其在比赛中的表现是：

①主裁判员下达"分开"（kal yeo）口令后攻击对方运动员。

此类行为十分危险，极有可能导致对方运动员受伤。原因是：

——主裁判员下达"暂停"口令后，对方运动员可能处于无防卫的状态。

——主裁判员下达"暂停"口令后，进攻运动员使用的任何技术的击打力度会增大。

此类攻击运动员的行为是违背跆拳道运动精神的。因此，在"暂停"后，无论击打力度大小，故意攻击对方运动员均应予以判罚。此外，在"暂停"后，如一方运动员假装要攻击对方运动员，也应予以"扣分"判罚。

②攻击已倒地的对方运动员。

此类行为十分危险，极有可能导致对方运动员受伤。原因是：

——倒地的运动员可能处于无防卫的状态。

——由于倒地运动员处于静止状态，位置相对固定，对其使用的任何技术的击打力度会增大。此类攻击倒地运动员的行为是违背跆拳道运动精神的，在跆拳道竞赛中是不适当的。

③抓住对方运动员进攻的脚将其摔倒，或用手推倒对方运动员。

为了阻碍对方运动员的进攻，用手抓住对方运动员进攻的脚或用手推对方运动员使其倒地。

④故意用手攻击对方运动员头部主裁判员根据自己的判断，给予下列行为"扣分"判罚：

——当拳攻击的起点位置高于耳侧。

——当拳攻击的方向向上。

——当攻击的目的是在近距离对对方运动员造成伤害，而非进攻技术的正常转换。

⑤教练员或运动员打断比赛进程。

——教练员在比赛中离开指定位置而影响比赛，或故意离开比赛场地。

——教练员为妨碍比赛进程或对裁判员的判罚表示不满而在场地周围走动。

——教练员或运动员威胁裁判员或侵犯裁判员的权利。

——教练员或运动员以不合法的方式抗议并打断比赛进程。

（注释2）

此条款规定的内容将不用于处理教练员申请"录像审议"的情况。

⑥教练员或运动员使用过激言语或做出违反体育道德的行为。

参照判罚"警告"行为的第10款

⑦一方运动员故意转身背逃躲避对手攻击，主裁判员给予"扣分"。

（解释4）

主裁判员宣判运动员"失格败"：

当运动员或教练员无视或违反跆拳道竞赛基本准则、跆拳道竞赛规则和纪律及主裁判员的指令，主裁判员可以不考虑"警告"或"扣分"的累计情况，直接判其负。特别是当运动员不顾主裁判员的规劝，意图伤害或对主裁判员进行明显的侵害时，应立即宣判该名运动员"失格败"。

第十五条　加时赛和优势判定

3局比赛结束后比分相等，加赛1局，时间为2分钟，由加时赛先得分或优势判定确定胜负。比赛前3局的得分和警告判罚全部清零，加赛局比赛的结果为比赛的最终结果。

1. 加时赛先得分获胜

（1）任何一方运动员先得分，则比赛结束，先得分者获胜。

（2）因犯规造成对方运动员得1分，则比赛结束，得分者获胜。

2."优势判定"

（1）加时赛结束时，双方运动员均未得分，进行"优势判定"。体重轻者获胜。体重相同时以"优势判定"。

（2）该场比赛裁判员填写"优势判定卡"，按少数服从多数原则进行判定。

（3）"优势判定"的依据是加时赛中运动员表现出的主动性。

（4）场上为1名主裁判员和3名边裁判员，优势判定若为2:2，获胜方为主裁判员判胜方。

（解释1）

如因技术原因记分牌显示双方运动员均得分，按得分时间判断，先得分者获胜。

（解释2）加时赛中出现击头得分技术在先，击腹得分技术在后，但由于电子护具先确认击腹得分，边裁判员可以立即提请合议，主裁判员召集合议确认后更改比分。击头得分的运动员的教练也可申请录像审议，如果审议委员确认击头得分技术先于击腹得分技术得分，则更改比赛显示记分，主裁判员判击头得分者获胜。

（解释3）

在特定比赛中，如加时赛结束时双方运动员均未得分，则根据赛前公布的称重记录，体重轻者获胜，如体重一致，再进入"优势判定"。

（解释4）

"优势判定"以运动员在加时赛中表现出的主动性为判定依据：主动攻击的程度、使用技术动作的次数、使用难度技术动作的次数、比赛态度。

（执裁指导）

优势判定程序：

①比赛前裁判员携带"优势判定卡"。

②若比赛进入优势判定程序，主裁判员给出"优势记录"（woo se girok）的口令。

③主裁判员给出口令后，边裁判员在10秒钟内填写好"优势判定卡"并签名递交给主裁判员。

④主裁判员收集所有"优势判定卡"并进行统计，依据多数原则判出比赛最后结果，并宣判获胜方。

⑤宣判获胜方后，主裁判员把"优势判定卡"交给记录台，再由记录台转交给技术代表存档备查。

第十六条　获胜方式

主裁判员依据本规则对比赛胜负进行宣判。获胜方式包括以下10种：

（1）击倒胜；

（2）主裁判员终止比赛胜；

（3）比分胜；

（4）分差优势胜；

（5）加时赛先得分胜；

（6）优势判定胜；

（7）弃权胜；

（8）对方失去资格获胜；

（9）主裁判员判罚犯规胜；

（10）特定比赛中，按照称重记录，体重轻者获胜。

（解释1）

击倒胜：当一方运动员被合法技术击倒，读秒至"8"时仍不能示意可以继续比赛，主裁判员继续读秒至"10"后，停止比赛，另一方运动员获胜。

（解释2）

主裁判员终止比赛胜：如果主裁判员或医务监督确定运动员无法继续比赛，即使1分钟恢复期已过，或者该名运动员不听从主裁判员命令仍想继续比赛，主裁判员应宣布比赛停止，另一方运动员获胜。

（解释3）

分差优势胜：在比赛第2局结束或第3局期间，分差得到12分优势，优势方直接提前获胜。

（解释4）

弃权胜：

①一方运动员在比赛中因受伤或其他原因弃权，另一方运动员获胜。参赛运动员不得在比赛中无故弃权。

②一方运动员在休息时间到后不继续比赛或不服从命令开始比赛，另一方运动员获胜。

③教练员向比赛场地扔毛巾示意自己的运动员弃权，另一方运动员获胜。

（解释5）

对方失去资格胜：一方运动员称重不合格或比赛前失去运动员身份，另一方运动员获胜。根据失去资格原因不同，处理方式如下：

①运动员称重不合格，或者参加抽签后未称重：抽签表上将会反映运动员称重失格，并通报相关人员。该场比赛将不选派裁判员，对方运动员不用上场比赛。

②运动员称重合格，但检录未到：选派裁判员和对方运动员应等待在场上指定位置，直到主裁判员宣布对方运动员获胜。

（解释6）

主裁判员判罚犯规胜：当一方运动员得到"警告"和"扣分"累计4分时，或者当本规则第14条第6款规定的情况出现时，另一方运动员获胜。

（解释7）

体重轻者获胜：为最小化降低比赛判罚的人为因素，鼓励运动员积极进攻，在特定比赛中使用此获胜方式。第四局加时赛结束比分仍为0:0时，根据赛前公布的称重记录，体重较轻一方获胜。如仍未分出胜负，则进入优势判定。

第十七条　击倒

运动员在比赛中受到合法的强有力攻击后，出现以下三种情况之一，判定为"击倒"：

——除双脚以外的身体任何部位触地。

——身体摇晃，丧失继续比赛的意识和能力。

——主裁判员判定被攻击的运动员不能继续比赛。

（解释）

击倒：击倒分为"站立式击倒"和"击倒"两种情况。运动员受击打倒地，

或身体摇晃，或不能胜任比赛的要求，可被视为"击倒"。此外，运动员受击打后，继续比赛将有危险或运动员的安全不能保障，也可被视为"击倒"。

第十八条 "击倒"后的处理程序

1.运动员被"击倒"时，主裁判员的处理程序

（1）主裁判员立即发出"分开"（kal yeo）口令分开双方运动员，并将进攻运动员置于远处。

（2）主裁判员大声从"1"到"10"向被击倒的运动员读秒，每间隔1秒读1次，并用手势在其面前提示时间。

（3）即使被击倒的运动员在读秒过程中示意可以继续比赛，主裁判员也必须读到"8"，使其获得休息，并确认是否恢复，如已恢复就发出"继续"（kye sok）口令继续比赛。

（4）主裁判员读到"8"时，被击倒的运动员仍无法示意可以继续比赛，则读秒至"10"后宣判另一方运动员"击倒胜"。

（5）即使1局或整场比赛时间结束，主裁判员也要继续读秒。

（6）如果双方运动员同时被击倒，有任何一方尚未恢复，主裁判员将继续读秒。

（7）如果双方运动员同时被击倒，读秒到"10"后双方运动员均不能恢复，应按"击倒"前的比分判定胜负。

（8）主裁判员判定一方运动员不能继续比赛，可以不读秒或停止读秒，宣判另一方运动员获胜。

2.比赛结束后的处理

因身体任何部位受到击打而被"击倒"判负的运动员30天内不得参加比赛，须由代表单位指定的医生证明并由代表单位有资格的领队或教练担保。

（解释1）

首先将进攻者置于远处：在此情况下，进攻方运动员应回到开始比赛时自己所处的位置，但是，如果被击倒的运动员就在进攻方运动员比赛开始时所处的位置上或附近，进攻方运动员应在其教练席前的警戒线处等待。

（执裁指导1）

主裁判员在执裁过程中应始终保持一种警觉状态，随时准备处理突然出现的"击倒"情况或其他危险状况。一旦出现此类情况，主裁判员应毫不犹豫地发出"分开"（kal yeo）口令。

（解释2）

如果被击倒的运动员在读秒过程中站立起来并示意可以继续比赛，主裁

判员也须继续读秒，并通过检查、读秒等办法迅速判断该名运动员的状态。

读秒的根本目的是保护运动员，即使运动员在主裁判员读秒至"8"以前示意可以继续比赛，主裁判员仍应继续读秒至"8"，才能继续比赛。读秒至"8"是强制性的，主裁判员不能随意更改。

如果在读秒的过程中发现被击倒的运动员情况危险，需要紧急治疗，主裁判员应一边读秒一边给出召唤医务监督的手势，让医务监督马上进行治疗。除非医务监督认为情况危急需要立即进行抢救，否则主裁判员的读秒程序应当继续进行。

读秒"1-10"：ha nah, duhl, seht, neht, da seot, yeo seot, il gop, yeo dul, a hop, yeol。

（解释3）

主裁判员必须在读秒至"8"之前就能判断出运动员是否恢复。读秒后必须确认运动员的状态是否恢复，此程序必须执行。主裁判员确认运动员已经恢复，就发出"继续"（kye sok）口令继续比赛。主裁判员在继续比赛之前不允许无谓地延误时间。

（解释4）

主裁判员读秒至"8"时，被击倒的运动员仍无法示意可以继续比赛，则读秒至"10"后宣判另一方运动员"击倒胜"。确定"已恢复"的程序为：运动员以实战姿势、紧握双拳数次和主裁判员进行有效的目光交流，示意可以继续比赛。如果运动员在主裁判员读秒至"8"时，仍不能用此程序表示"已恢复"，主裁判员应立即再读秒至"9""10"后宣判另一方运动员"击倒胜"。读秒至"8"后，运动员再示意可以继续比赛应视为无效。如果主裁判员判定被击倒的运动员已不能继续比赛，即使该名运动员在主裁判员读秒至"8"时示意可以继续比赛，主裁判员可以继续读秒至"10"，随后宣布比赛结束，另一方运动员"击倒胜"。

（解释5）

主裁判员判定一方运动员不能继续比赛是指当运动员受到明显强烈的击打倒地并处于危险状态时，主裁判员可中断读秒或在读秒的同时要求急救。

（执裁执导2）

——主裁判员在读秒过程中应当立即判断运动员的状态，不允许在读秒至"8"后，花费额外的时间去确认运动员是否恢复。

——当运动员在主裁判员读秒至"8"以前已明显恢复，并示意可以继续比赛，主裁判员也确定运动员状态可以继续比赛，但该名运动员由于需要进行治疗而不能马上继续比赛，主裁判员发出口令的步骤为："分开"（kal yeo）、"暂停"（shi gan），然后转入本规则第十九节的程序。

第十九条　比赛中断的处理程序

（1）因一方或双方运动员在比赛过程中受伤而使比赛中断，主裁判员采取以下处理程序：

①主裁判员发出"分开"（kal yeo）口令，如判断属于因伤比赛中断情况则发出"计时"（kye shi）口令，记录台同时开始计时1分钟；

②允许运动员在1分钟内接受治疗；

③运动员即使只受轻伤，但1分钟后仍不示意可以继续比赛，主裁判员判其负；

④因"扣分"行为造成一方运动员受伤，1分钟后不能恢复比赛，主裁判员判犯规者负；

⑤双方运动员同时受伤，1分钟后均不能继续进行比赛时，按受伤前双方得分判定胜负；

⑥在医务监督的协助下，主裁判员判定一方运动员严重受伤，明显神志不清或处于危险状态时，应立即中断比赛，安排急救，如果伤害事故是由"扣分"行为造成的，判犯规者负；

⑦因"扣分"行为造成受伤，医务监督鉴定受伤运动员能够继续比赛，主裁判员指令受伤运动员继续比赛，如不听从指令，受伤运动员被判为败方；

⑧因伤不能继续比赛的运动员30天内不得参加比赛。

（2）如果发生除上述程序以外，合理的需要中断比赛的情况，主裁判员先发出"分开"（kal yeo）口令，再发出"暂停"（shi gan）口令中断比赛。继续比赛则发出"继续"（kye sok）口令。

（解释1）

主裁判员判定运动员由于受伤或其他任何紧急情况不能继续比赛，可按以下方式处理：

①如果一方运动员处于失去知觉或严重受伤等紧急状态，应立即实施急救并结束比赛。

此种情况下，比赛结果将按以下方式判定：

——由"扣分"行为造成的，判犯规者负。

——由合法技术动作或意外的、不可避免的接触造成的，判不能比赛者负。

——由与比赛无关原因造成的，按比赛中断前的得分判定胜负。如果中断比赛发生在第一局比赛结束前，该场比赛无效。

②运动员受伤程度不严重，在主裁判员给出"计时"（kye shi）口令之后可有1分钟时间接受必要的治疗。

——主裁判员判断有必要对受伤运动员进行治疗时，可由医务监督进行治疗，如有必要，队医可以协助治疗。

——受伤的运动员能否继续比赛由主裁判员判定，在1分钟治疗时间内，主裁判员可在听取医务监督意见后，随时给出口令继续比赛，不服从命令继续比赛者将被判负。

——受伤的运动员接受治疗或恢复过程中，在"计时"至40秒时，主裁判员每隔5秒钟用受伤运动员可以听到的口令提示时间，运动员在1分钟结束时不能回到指定位置继续比赛，主裁判员必须宣判比赛结果。

——主裁判员发出"计时"口令后，无论医务监督是否参与治疗，1分钟的计时须严格执行。但是，当运动员需要治疗而医务监督缺席或运动员需要进一步治疗时，主裁判员可以适当延长1分钟的计时限制。

——如1分钟后不能继续比赛，比赛结果将根据本条款解释1判定。

③如双方运动员受伤，1分钟后均不能继续比赛，或出现紧急情况，比赛结果将按以下方式判定：

——如因一方运动员的"扣分"行为造成，则判犯规者负。

——如不属于"扣分"行为，比赛结果将按中断比赛时的比分判定。但是，如比赛中断发生在第一局比赛结束之前，则该场比赛无效，赛事组委会将安排在合适的时间重新比赛。如一方运动员在重新比赛时仍不能参赛，则被视为弃权。

——如因双方运动员的"扣分"行为引起，则判双败。

（解释2）

因上述条款内容以外的原因造成比赛中断，将按以下方法处理：

①因不可控制的情况需要中断比赛，主裁判员将中断比赛并服从赛事组委会的指示。

②如果第二局比赛结束后比赛中断，且比赛不能继续进行，根据比赛中断之前的比分判定胜负。

③如果第二局比赛结束前比赛中断，原则上将安排重新比赛，并进行全

部 3 局的比赛。

　　第二十条　技术官员

　　1. 技术代表

　　（1）资格：资深跆拳道专家或国际裁判员，由中国跆拳道协会任命。

　　（2）职责：全面指导、决定、监督竞赛和裁判员工作，同时履行仲裁委员会主任的职责。确认竞赛规则和判罚尺度，主持赛前技术会议与抽签；确认抽签与称重结果；如有必要，技术代表可以要求主裁判员场上召集合议；技术代表有权对规则没有描述的范畴外的问题做最终裁决。

　　2. 竞赛监督机构

　　（1）组成：各类跆拳道竞赛可根据需要设立竞赛监督机构（竞赛监督委员会或赛风赛纪督察组），由若干具有行政管理、跆拳道竞赛和裁判员专业背景的资深人士组成。

　　（2）职责：监督和检查各项竞赛及赛风赛纪工作；依据《跆拳道竞赛纪律处罚办法》等文件对违背有关规定和体育道德的当事人、运动队进行处罚。

　　3. 仲裁委员会

　　（1）组成：各类跆拳道竞赛须设立仲裁机构，由若干委员组成仲裁委员会行使职责。

　　（2）职责：协助技术代表负责竞赛和技术方面的工作；确保比赛按照程序进行；评估录像审议委员和临场裁判员的执裁判罚情况；对比赛中出现的违纪违法行为和个人予以制裁和处罚；处理与竞赛相关的其他事宜。

　　4. 录像审议委员

　　（1）资格：国际级裁判员。

　　（2）组成：一块场地比赛由 2 名录像审议委员负责录像审议。

　　（3）职责：受理录像审议，1 分钟内做出裁定结果，告知主裁判员。

　　5. 裁判员

　　（1）资格。

　　①在中国跆协登记注册有效，同时属于中国跆协个人会员，持有中国跆协或世跆联颁发的有效裁判员资格证书者。

　　②参加由中国跆协定期组织举办的裁判员培训班并通过考核者。

　　③裁判员须穿着中国跆协指定的裁判员服装，禁止携带妨碍比赛的物品。

　　（2）裁判员配备与岗位设置。

　　①使用普通护具时，一般须设 1 名主裁判员和 4 名边裁判员。

②使用电子感应护具时，一般须设 1 名主裁判员和 3 名边裁判员。

③主裁判员或边裁判员与场上运动员属同一单位或有连带关系时须回避。

④如有需要，每场比赛可增派 1 名替补裁判员和 2 名替补审议委员，若比赛出现严重问题，由技术代表提出更换。

（注释 1）

中国跆协举办的裁判员培训班是指各类目的在于提高裁判员业务水平的学习班。

（注释 2）

中国跆协所属团体会员单位举办各级各类跆拳道裁判员学习班，必须经过中国跆协批准认可。

（注释 3）

边裁判员的配备可以根据比赛的实际情况进行人数上的调整，但 1 名主裁判员和边裁判员多数判定的基本原则不能更改。

（3）职责与任务。

①主裁判员：

——依据本规则的规定，掌握和控制整场比赛，确保比赛安全、公正、精彩。

——比赛过程中根据场上情况即时发出"开始"（shi jak）、"分开"（kal yeo）、"暂停"（shi gan）、"继续"（kye sok）、"计时"（kye shi）、"扣分"（gam jeom）、"警告"（kyong go）、"结束"（ke man）等口令，并判定胜负。

——依据本规则独立行使判决权利。

——原则上主裁判员不参与计分，但是，如果比赛中 1 名以上的边裁判员举手提示有得分未被计分，主裁判员将召集 3 名边裁判员进行合议，合议结果遵循 3 名边裁判员意见少数服从多数的原则。

——加时赛结束时双方运动员均未得分，并在特定比赛中体重一致时，由主裁判员召集场上 3 名边裁判员按照本规则第十五节第 2 款判定胜负。

②边裁判员：

——即时记分。

——对"优势判定"进行独立评判。

——如实回答主裁判员的问询。

——站立举手提出合议，及时提醒主裁判员对比赛中出现的明显计分错误进行合议。如有需要，在本场比赛结束后填写合议单，并签字确认。

——举手提示主裁判员场上出现的其他情况，如教练员要求录像审议、运动员护具脱落等。

（4）裁判员判定责任：裁判员的判罚对仲裁负责；不通过仲裁，比赛结果不能变更。

（注释4）

竞赛监督部门、仲裁委员会发现裁判员不能胜任执裁工作，没有公正执裁或出现无理由的错误时，可通过技术代表更换裁判员。

（执裁指导）

在1次合法技术击头或旋转技术击中有效得分部位的情况下，如果因为边裁判员记分不一致，使得该次得分未被计分时，任何1名临场裁判员应立即提议进行合议。主裁判员下达"暂停"（shi gan）口令中断比赛，召集边裁判员合议，由主裁判员公布合议结果。然而，当场上1名教练员提出录像审议申请时，主裁判员应接收教练员的申请。本条款也适用于以下情况：主裁判员读秒出错，边裁判员应在主裁判员数到"3"或"4"时提出不同意见。

6.记录员

（1）资格：国家一级以上裁判员

（2）职责：负责比赛计时；按照主裁判员的指令加分、减分；记录并公布得分、减分；记录比赛结果和获胜方式；联络提醒电脑操作员及时开始或暂停比赛。

7.医务监督

（1）资格：具备医生资格证，由主办单位或赛事组委会选派。

（2）职责：在运动员受伤时对其进行及时治疗、抢救；协助主裁判员对运动员的"伪装受伤""击倒"等情况进行及时判断；协助裁判员对运动员进行赛前检查。

第二十一条 即时录像审议

1.目的

即时录像审议（以下简称录像审议）的目的是以录像画面为依据，以规则条款为准绳，对临场重大错误进行及时修正，原则上尊重场上裁判员的临场决定。

2.录像审议委员（以下简称审议委员）

每场比赛设审议委员2名，共同对比赛画面提出意见，如意见不一致，则由技术代表最终认定。

3.审议程序

（1）比赛中教练员对裁判员的判罚或记分有异议，可向主裁判员申请进行"录像审议"。

（2）当教练员提出申请时，主裁判员应询问其申请理由。可以申请"录像审议"的理由仅限于事实判断错误，比如击打力度，动作、行为的严重程度，故意与否，动作时效的判断错误等；使用电子护具的比赛中，由电子护具感应器识别的得分不在审议范围内；教练员应在一次交手动作发生后5秒钟内对该次动作提出审议申请。

（3）主裁判员应要求审议委员对申请内容进行"录像审议"，审议须遵循回避原则。

（4）审议委员应在接受审议后1分钟内，通过录像审议作出判决，告知主裁判员判决结果。

4.审议配额

（1）每1场比赛中，教练员可以提出1次"录像审议"申请。如果该次申请成功且相关判罚或记分被更正，可继续提出申请；预赛2张审议牌，决赛每场2张，奖牌争夺战追加1张。

（2）在1次赛事中，教练员为运动员提出"录像审议"申请的总次数不受限制。但是，如果为1名运动员申请"录像审议"失败的次数超出审议配额，则不得再提出申请；根据赛事规模，技术代表可决定比赛"录像审议"的配额。

5.审议裁决

（1）审议委员的裁决是最终裁决，在比赛中和比赛后不接受更进一步的申诉。

（2）如果出现比赛结果判定错误、比分计算错误或运动员身份识别错误等严重错误的情况，场上任何一名裁判员可以暂停比赛，通过裁判员合议更正错误。

（3）如果相关判罚或记分被更正，竞赛监督与仲裁机构应在当天比赛结束后，对该场比赛进行调查。如有必要，对相关裁判员进行处罚。

（解释1）

为最大限度减少跆拳道竞赛中的错判、误判和漏判，维护跆拳道竞赛的公平与公正，制定"录像审议"条款，并根据竞赛工作的实际情况组织实施。

（解释2）

审议组由2名审议委员组成。"录像审议"的过程无需向公众公布，由审

议组独立完成。

（解释3）

教练员针对双方运动员的判罚和记分均可申请"录像审议"；如果双方教练员同时申请"录像审议"，主裁判员将同时受理。

（解释4）

任何情况下，教练员一旦站立举起青/红审议牌申请录像审议，将被视为使用该次配额。每局比赛结束时，只要符合5秒原则，审议申请均可被接受。

（执裁指导）

"录像审议"的程序：

①比赛开始前，本场主裁判员向拥有配额的教练员发放申请"录像审议"时使用的"青""红"审议牌。

②比赛中，青（红）方教练员站立举青（红）牌向主裁判员示意，申请"录像审议"。

③主裁判员暂停比赛，走近教练员询问审议内容并收取申请牌，回到场地中央并面向审议委员席，举青（红）牌并发出"青（红）方录像审议"的口令。

④主裁判员告知审议委员审议内容后，审议委员进行录像审议。技术代表及竞赛监督机构代表可监督审议。

⑤审议委员对比赛录像进行审议得出结果，填写"录像审议"记录单。审议委员、技术代表在记录单上签字后审议结果方可生效。

⑥审议结束后由审议委员告知主裁判员审议结果，主裁判员执行审议结果后继续比赛（如申请审议方获得成功，主裁判员将审议牌交还该教练员）。

6. 申诉

在无法使用录像审议的赛事中，将采用下述申诉程序：

参赛运动队如对裁判员的判罚有反对意见，须在该场比赛结束后10分钟内，由参赛队代表向仲裁委员会提交申诉书，并交纳申诉费2000元人民币。由仲裁委员会对申诉内容进行审查，根据本规则做出"受理"或"不受理"的决定。

（1）审议与裁决：

①审议时，与申诉方同单位的仲裁委员应回避。

②必要时，可质询临场执裁的裁判员，查询比赛记录表、仲裁录像等物质证据。

③由参加审议的仲裁委员以无记名投票方式进行裁决，半数以上委员的决定为最终判定。仲裁委员会须在受理申诉后15分钟内作出裁决并形成书面报告公之于众。

④仲裁委员会的裁决结果为该场比赛的最终判定。

（2）竞赛监督委员会有权对审议裁决的全过程进行监督。

（3）中国跆协依据本规则制定《跆拳道竞赛仲裁条例》，由仲裁委员会执行。

（注释1）

审议与裁决的基本依据：

—— 如果比赛结果判定错误，或出现比分计算错误，或对青红方运动员身份识别错误，将更改原判决。

—— 仲裁委员会认定裁判员在执行规则时出现明显错误，可以更改原判决，并依据有关规定处罚相关裁判员。

（注释2）

裁决结果与比赛结果一致或出现平局时，则维持原判；与比赛结果不一致时，则更改原判决。

第二十二　制裁与处罚

（1）组成：竞赛处罚委员会由比赛监督机构与仲裁委员会构成。

（2）职责：依据《跆拳道项目纪律处罚规定》，负责对参赛运动员、教练员、技术代表、裁判员、工作人员、代表队和竞赛承办单位等违反竞赛纪律及比赛规定的行为作出处罚。

（3）发布：处罚决定由中国跆拳道协会负责发布与解释。

第二十三条　本规则未明文规定的情况

出现本规则未明文规定的情况，按以下办法处理：

（1）与比赛相关的事宜，根据该场比赛临场裁判员的一致意见决定。

（2）与比赛无关的事宜，由比赛技术代表处理决定。

（3）赛事组委会在各场地安排录像设备，对比赛过程进行记录和保存以备查。

第二十四条　附则

本规则自颁布之日起执行，具有独立性和排他性。最终解释权归中国跆拳道协会。

参考文献

[1]陈立人，刘卫军.现代跆拳道训练方法［M］.北京：北京体育大学出版社，2004.

[2]李伟.跆拳道教学理论与实践［M］.合肥：安徽人民出版社，2009.

[3]王智慧.竞技跆拳道［M］.北京：人民体育出版社，2007.

[4]SOON MAN LEE，甘藤·里克.现代跆拳道［M］.顾洗尘，译.北京：现代出版社，2004.

[5]王骏，等.通识教育：魅力体育篇［M］.上海：上海交通大学出版社，2014.

[6]岳维传.跆拳道段位考核品势精选［M］.北京：人民体育出版社，2007.

[7]王双忠.从绿带到黑带［M］.北京：北京体育大学出版社，2002.

[8]王双忠.从白带到绿带［M］.北京：北京体育大学出版社，2002.

[9]刘小瑜.高校跆拳道教学中技能与发展［J］.科技资讯，2022，20（17）：185-187.

[10]王慧.探究提高高校跆拳道训练效果的方法［J］.拳击与格斗，2021（11）：118-119.

[11]宋资业，李世宏，杨立志.中国跆拳道发展现状综述研究［J］.当代体育科技，2022（7）：160-163.

[12]石雷，胡文凤，高平.世界跆拳道竞技格局与发展趋势研究［J］.辽宁体育科技，2021（3）：118-123，128.